Espiritualidade do Jovem

Dados Internacionais de Catalogação na Publicação (CIP)
(Câmara Brasileira do Livro, SP, Brasil)

Grün, Anselm
Espiritualidade do jovem : quem eu sou e quem desejo ser? / Anselm Grün ; tradução de Zwinglio Dias. – Petrópolis, RJ : Vozes, 2014.

Título original: Auf dem Weg zur Freiheit – Ein Mutmachbuch für junge Menschen
ISBN 978-85-326-4744-3

1. Experiência religiosa 2. Fé 3. Igreja – Trabalho com jovens 4. Juventude – Conduta de vida 5. Juventude – Vida religiosa 6. Vida cristã I. Título.

14-00112 CDD-234.23076

Índices para catálogo sistemático:
1. Fé dos jovens : Cristianismo 234.23076
2. Jovens : Questões de fé : Cristianismo 234.23076

ANSELM GRÜN

Espiritualidade do Jovem

Quem eu sou e quem desejo ser?

TRADUÇÃO DE

Zwinglio Dias

EDITORA VOZES

Petrópolis

Título do original alemão: *Auf dem Weg zur Freiheit – Ein Mutmachbuch für junge Menschen*
Direitos de publicação em língua portuguesa – Brasil:
2014, Editora Vozes Ltda.
Rua Frei Luís, 100
25689-900 Petrópolis, RJ
Internet: http://www.vozes.com.br
Brasil

Diretor editorial
Frei Antônio Moser

Editores
Aline dos Santos Carneiro
José Maria da Silva
Lídio Peretti
Marilac Loraine Oleniki

Secretário executivo
João Batista Kreuch

Editoração: Maria da Conceição B. de Sousa
Diagramação: Victor Mauricio Bello
Capa: WM design
Imagem de capa: Man looks out from a mountain top
© Monalyn Gracia / Masterfile

ISBN 978-85-326-4744-3 (edição brasileira)
ISBN 978-3-89680-492-1 (edição alemã)

Editado conforme o novo acordo ortográfico.

Este livro foi composto e impresso pela Editora Vozes Ltda.

Sumário

Prefácio

Olá querida leitora e querido leitor!

O livro que vocês têm agora nas mãos não é nenhum "manual" ou coisa parecida. Ele surgiu das muitas conversas que tenho mantido com jovens como vocês. Nesses encontros pude perceber os temores que tomam conta de vocês toda vez que têm de pensar no seu futuro e na sua vida como adultos. Mas estes temores, como pude observar, são também sinais de suas ansiedades. Vocês querem ser "donos(as)" de suas vidas, tornarem-se independentes e responsáveis por vocês mesmos. Às vezes, no entanto, vocês mesmos duvidam se poderão dar forma ao seu futuro do jeito que gostariam.

Longe de mim a ideia de lhes oferecer uma receita sobre como se tornar adulto. Muito mais do que isso, o que eu quero é ocupar-me com suas perguntas e dúvidas, suas esperanças e seus anseios. Além disso, gostaria de pensar junto com vocês como a fé pode ajudá-los, passo a passo, a tornarem-se adultos. Para isso é importante para mim que vocês não entendam a fé como algo que eu ou os "adultos", de fora, queremos lhes impingir. Na verdade, o que eu quero é lhes mostrar um caminho que lhes possibilite descobrir a fé como uma legítima forma de ajuda para a vida, ou como um caminho livre que os leve a sua própria liberdade.

Espero que tudo isto possa contribuir para vocês darem forma as suas próprias vidas.

Seu,

Padre Anselm Grün

1

Quem eu sou e quem desejo ser?

Sobre autoconsciência e identidade

Caminhando pela floresta um caçador encontrou um recém-nascido filhotinho de águia que certamente tinha caído do ninho. Ele o tomou com cuidado, colocou-o no bolso e rumou para casa. No seu sítio já haviam nascido muitos pintinhos, de sorte que ele pegou o filhotinho de águia e o colocou no galinheiro junto a eles, que o receberam como mais um de seus irmãos.

A cada dia que passava os pintinhos iam se tornando cada vez maiores e, logo, a pequenina águia começou a dar-se conta de si e de sua possibilidade de voar. Procurou então sua mãe e perguntou: "Diga-me, quando eu vou aprender a voar?"

A essa altura, a galinha já tinha percebido que esse pintinho era muito diferente de seus demais filhos, pois a cada dia que passava ele se diferenciava mais e mais dos outros franguinhos. A galinha tornou-se, então, dolorosamente consciente de que ela mesma não sabia voar e, portanto, não poderia ensinar a pequena águia. Mas, claro, não teve coragem de lhe dizer isto. Ao contrário, respondeu-lhe: "Ainda não chegou a hora, meu filho. Quando você estiver pronto eu lhe mostrarei como se faz".

Os meses se passaram e a pequena águia se deu conta de que sua mãe não podia voar. Por sua conta e risco ela tentava voar movimentando suas asas para ver se conseguia libertar-se daquela prisão e abandonar de vez o galinheiro. Mas foi tudo em vão, não conseguiu sair do chão! No entanto, seu anseio pelo voo nunca a abandonou. Mas, por outro lado, estava tão agradecida a sua mãe por tê-la educado e dela cuidado desde pequenina, que nunca ousou romper com tudo e procurar o seu próprio caminho!

Encontrando a própria identidade

"Tornar-se adulto significa encontrar-se a si mesmo e colocar-se a pergunta: Quem eu sou?", escreveu certa vez uma jovem que participava de um grupo que se ocupava justamente deste tema. Ao mesmo tempo outros perguntavam: "...mas como podemos encontrar a própria identidade?" Não podemos responder à pergunta "Quem somos nós?" de forma completa e absoluta. Quando a colocamos, logo aparecem respostas quase que automaticamente em nós: sou um jovem, uma jovem, o filho ou a filha de fulano... aluno, aprendiz, enfermeira, estudante, alemão ou turco, alguém do Rio ou de Pernambuco etc. Na verdade, estas respostas não descrevem propriamente a identidade de alguém, pois são muito superficiais. Quando procuramos responder com profundidade à pergunta "Quem eu sou?", vamos perceber que existe em nós algo que nos ultrapassa, que nós, em último termo, somos um segredo que nem nós mesmos podemos descrever. Cada um de nós é único. E esta unicidade não pode ser apreendida em palavras.

A pergunta acerca da identidade envolve ainda coisas muito concretas. A primeira pergunta é se eu sou um rapaz ou uma moça. E então: Eu me assumo realmente como rapaz ou moça? Devo ser um rapaz ou uma moça de acordo com as expectativas de meus pais? Tais expectativas, que eles projetam sobre mim, quase sempre de forma inconsciente, vão me marcar e influenciar minha identidade. Assim, para encontrar a minha identidade própria vou ter, primeiro, que conhecer as imagens que meus pais construíram a meu respeito e a respeito de minha pessoa. Muitas vezes, os pais projetam suas próprias imagens em seus filhos. Devo viver a vida que eles mesmos não puderam ou não tiveram a oportunidade de viver. Devo, por exemplo, representá-los, ao concluir o Ensino Médio, naquilo que eles não puderam realizar.

Com frequência os pais colocam as representações de suas próprias ambições sobre seus filhos. As crianças, para eles, devem se tornar médico(a), arquiteto(a) ou professor(a). É que eles querem participar dos êxitos e vitórias de seus filhos. Acontece, no entanto, que, quando os pais colocam tais representações sobre seus filhos, não se dão ao trabalho de procurar saber com cuidado quem essa criança realmente é e se ela tem condições ou não de corresponder às suas expectativas.

Mas não são apenas os pais que alteram nossa identidade com suas imagens. Nós mesmos desenvolvemos representações que estão longe de corresponder à nossa índole, à nossa maneira de ser. Tomamos, da mídia, por exemplo, uma fantasia qualquer e passamos a pensar que devemos ser como este ou aquele ator, esta ou aquela cantora, este ou aquele atleta. Tais imagens podem ser de ajuda na medida em que nos permitem descobrir e desenvolver nossas possibilidades e capacidades. Entretanto, quando são muito grandes em relação a mim acabam por me deixar doente. Muitos jovens vivem uma situação de grande sofrimento na medida em que correm atrás de autoimagens que eles sabem, no entanto, que jamais poderão realizar. Muitas vezes a alma se rebela contra essas autoimagens desmedidas com reações depressivas e até mesmo com ataques de pânico.

Quem somos nós, realmente

Who am I?
Por acaso vi ontem com clareza na TV,
que uma famosa mulher balançava seus quadris
e dizia sempre sim a frenéticas canções.
Ser igual a ela? Não!

Ler o livro do Dalai-Lama sobre autoconhecimento
para então saber o que se deseja fazer da própria
vida?
Talvez!

Cuidar, de vez em quando, das próprias necessi-
dades
e descobrir seus talentos, não seria o melhor
caminho
para encontrar-se a si próprio? Sim!

Senhor, permite-nos conhecer
quem nós somos realmente.

KATHARINA OSTER

Certas experiências da infância podem, às vezes, gerar também tais imagens interiores. Uma vez ouvi de um jovem, cuja irmã tinha falecido muito cedo, que ele tinha interiorizado para si mesmo a imagem da luz do sol. Provavelmente ele passou a significar para seus pais a própria luz solar, como uma forma de superação da tristeza provocada pela perda de sua irmã. Na verdade, essa autoimagem o impedia de encontrar a sua própria identidade. Ele vivia apenas daquilo que imaginava ser e que agradava aos seus pais. Para encontrar a sua própria identidade ele teria que se livrar de todas as imagens e expectativas que outros lhe tinham atribuído, assim como das representações que ele próprio tinha construído para si.

Descubro minha própria identidade quando reflito sobre mim mesmo, quando me ocupo de mim mesmo, quando decido livremente sobre meu futuro e trato de construí-lo. Além disso, descubro meu verdadeiro Eu também no encontro com os demais. Preciso do encontro com outros jovens para descobrir minha identidade enquanto homem ou mulher, e assim reconhecer a minha unicidade. A pessoa nasce do encontro com outras.

Eu serei...

Muitos dos que têm medo da própria identidade procuram se juntar a grupos de iguais nos quais se sentem seguros e reconhecidos. O que predomina nesses grupos é o sentimento de pertença e nem tanto o encontro com os demais. Não há dúvida de que o sentimento de pertença colabora tanto para o desenvolvimento da autoconfiança como a experiência de comunidade ajuda na busca da própria identidade. Mas acontece, também, com frequência, que o anseio de pertença pode levar à acomodação, à submissão e à complacência. Na verdade, o mais importante para o desenvolvimento da própria identidade são as amizades. Na amizade com outros, principalmente com os(as) representantes do sexo oposto é que a gente descobre a própria identidade. Você descobre, então, quem você realmente é.

Você está em busca de seu próprio caminho na vida. Não deseja simplesmente copiar o que os mais velhos lhe têm receitado. Por isso mesmo, na busca de sua própria maneira de ser, você se sentirá, muitas vezes, inseguro. Quem eu sou realmente? Como posso achar meu lugar na vida? Nessa busca em prol de sua própria identidade você precisará da ajuda de gente que lhe compreenda e que lhe possa amparar. Pessoas que não se sintam inseguras diante da insegurança que você revela, mas que fiquem ao seu lado e lhe deem força.

Você é único!

Jesus nos exorta a seguirmos nosso próprio caminho. Não é suficiente fazer o que os outros fazem. Cada ser humano é único. Jesus nos encoraja dizendo: "Entrai pela porta estreita, pois larga é a porta, e espaçoso o caminho que conduz à perdição e muitos são os que entram por ela. Mas estreita é a porta e apertado o caminho que conduz para a vida e são poucos os que a encontram" (Mt 7,13-14). Franz Kafka, em sua Parábola do Castelo, interpretou este texto da seguinte forma: Um homem chegou ao castelo e procurou entrar pelo portão da torre. Entretanto, o guarda do portão não lhe permitiu entrar. Quando o homem estava para morrer, o guarda começou a fechar exatamente esse portão e disse ao que esperava: "Este portão foi destinado apenas a você!" Temos que descobrir a porta que nos foi destinada para, por meio dela, descobrir o caminho estreito no qual possamos vivenciar nossa individualidade e nossa própria pessoa. Pois é por meio dela que poderemos realizar as possibilidades e capacidades que Deus pensou para nós. Cada um é único.

A fé nos encoraja a descobrir a nossa unicidade e a realizá-la em nossa vida. Então nos transformaremos numa bênção para as pessoas quando as marcas de nossa vida pessoal forem gravadas neste mundo. A fé também nos encoraja a viver a nossa própria vida mesmo diante de todas as pressões para que nos acomodemos e nos submetamos às expectativas dos outros. É fascinante perceber que minha própria vida é muito valiosa, que eu, com a minha vida posso contribuir para que este mundo se torne mais cálido e humano. Quando nós fincamos as marcas de nossa vida pessoal neste mundo nós o mudamos, mesmo quando externamente pareça que o mundo é determinado apenas pelos grandes dirigentes da economia ou pelos políticos.

Encontrar a nossa "senha" pessoal

O teólogo alemão Romano Guardini conta que, certa vez, num sonho, ouviu e reconheceu que Deus pronuncia uma palavra imemorial, única para cada pessoa, numa espécie de "Senha" que só vale para essa pessoa específica. Assim, a tarefa de toda a nossa vida seria tornar essa palavra única, que apenas em nós foi pronunciada, perceptível neste mundo. Isto quer dizer que cada um de nós pode expressar algo de Deus que somente por nosso intermédio pode se manifestar. Cada um é uma palavra de Deus que nele ou nela se faz carne e por meio de quem ela pode se expressar neste mundo. Mas você jamais poderá nomear esta palavra. Embora, talvez, você possa ter uma ideia acerca da palavra de Deus que fala em você: confiança, amor, clareza, harmonia, vivacidade, alegria, amplitude ou liberdade.

Para ter uma ideia acerca de sua verdadeira identidade tente fazer o seguinte exercício: Diga para você mesmo, durante todo um dia, e não importa o que você esteja fazendo: "Eu sou eu mesmo!" Isto soa muito fácil. Mas você vai perceber que nem sempre você é você mesmo. Você se orienta segundo a opinião de outros. Você assume outros papéis em casa, com a família, no seu círculo de amigos e com a sua namorada. Quando você sempre repetir que você é você mesmo, começará a se afastar dos papéis que lhe foram impostos, deixará cair as máscaras com as quais você imaginou a sua verdadeira identidade. Você não poderá mais descrever esse verdadeiro eu. Mas você vai sentir que existe algo em você que ninguém lhe poderá tirar. Você é dono de uma identidade profunda, mesmo quando exteriormente não possa vivê-la ou expressá-la com clareza. Mas em sua intimidade sabe quem você é. Assim, quando passar um dia inteiro repetindo para si mesmo "eu sou eu mesmo", você vai sentir a sua liberdade interior. Vai se sentir livre da pressão de ter que assumir uma imagem que lhe está sendo imposta e não mais vai se orientar segundo as expectativas dos outros. Você será você mesmo, livre, claro, único. Quando vive a sua identidade, quando você é você mesmo, torna-se uma bênção para os demais.

Autoconfiança e fé

Quando eu realizava cursos para jovens sempre surgia o tema da confiança. Nessas ocasiões aparecia a questão da busca por uma forte autoconfiança e também a da capacidade de confiar nos outros. Para mim, ambas as questões dependem da confiança em Deus, uma vez que a fé nos dirige a ambas. Autoconfiança não significa, em primeiro lugar, que eu, exteriormente, me mantenha *cool* ou insensível às críticas dos outros. Muitos se mostram assim, porque são, na verdade, totalmente inseguros. Por isso não têm coragem para dar lugar e expressão aos seus próprios sentimentos. Temem serem rejeitados pelos demais.

Autoconfiança é diferente de autossegurança. Eu não tenho por que me apresentar, exteriormente, como seguro e frio. Não preciso construir uma fachada de autossegurança atrás da qual eu possa esconder com muita energia toda a fraqueza e pouca aparência que carrego comigo. Devo ser como eu sou, às vezes também inseguro. Verdadeira autoconfiança significa, para mim, que eu confio em mim mesmo. Em mim existe uma semente que é o meu verdadeiro Eu. E esse Eu é independente da opinião dos outros. Neste Eu se encontra o meu equilíbrio. Nele eu sou autêntico, plenamente eu mesmo. Quando estou ligado a esse Eu interior eu me torno livre e posso me relacionar com os demais como eu me sinto. Não me oriento segundo as expectativas dos demais. Isto porque minha autoconfiança não depende da aprovação dos outros, de seu reconhecimento ou censura, mas do conhecimento de minha unicidade e de meu infinito valor. Este verdadeiro Eu é a imagem que Deus fez de mim para si próprio. Quando me ligo a esse Eu, torno-me livre. Aí, então, passo a confiar em meus sentimentos, nas opiniões que são formadas a partir das profundezas de meu coração. A legítima autoconfiança tem a ver sempre com a liberdade interior e com a experiência de estar sempre ligado com o meu Eu.

Tornar-se consciente de si mesmo!

Autoconsciência seria uma outra palavra para autoconfiança. Eu só posso confiar em mim quando me torno consciente de mim mesmo, isto é, quando assumo, acima de tudo, todos os aspectos que conformam a realidade que eu sou. Carl Gustav Jung, um conhecido psicólogo suíço, estabeleceu uma diferenciação entre o Eu, ou Ego e o Si próprio. O Ego deseja tudo aquilo que o agrada, o fascina e o coloca no centro de tudo. Quem vive dominado pelos desejos "Ego-ístas" não tem consciência de si próprio. Aparenta uma grande autossegurança que é mostrada de forma inconsciente.

O Si próprio, ao contrário, é o núcleo ou a semente interior do ser humano, o lugar no qual também Deus habita. Quem é consciente de sua realidade interior torna-se independente das opiniões das outras pessoas. Esse indivíduo se liga ao seu ser essencial e não se deixa levar pelas críticas dos demais. Sendo fiel a si próprio pode olhar tudo o que o rodeia com serenidade. Porque assume a sua realidade ele é capaz de olhar e acolher os outros como eles realmente são, mesmo em sua hostilidade. Ele permanece sempre tranquilo.

Para onde vou?

Para onde vou?
Para o Sul ou para o Oeste?
Três passos para frente ou para trás?
Fico aqui ou sigo em frente?
Vou, de fato, pelo caminho certo?
Deveria ter decidido de maneira diferente?
Às vezes penso que estou no caminho errado,
que um outro teria sido melhor.
As coisas poderiam ter sido mais fáceis!
Teria sentido interromper meu caminho?
Abandonar tudo agora?
Ou, quem sabe, é este o caminho certo?

Por tudo isso devo continuar minha caminhada,
para descobrir o que procuro.

LAURA ENDRES

Muita gente não tem confiança alguma na vida. Isso tem a ver com o fato de que a confiança que me acompanha durante a vida depende, naturalmente, daquilo que meus pais me transmitiram. Minha mãe me transmitiu a confiança básica, original. Ela me proporcionou a capacidade de me sentir bem-vindo a este mundo. Meu pai fortaleceu em mim a autoconfiança ao encorajar-me a encarar com ousadia os desafios deste mundo. Ele deu-me firmeza para aprender a me afirmar e lutar. Quem não vivenciou de forma suficiente, seja da parte da mãe ou do pai, a experiência da confiança, certamente terá muitos problemas em sua vida com respeito à confiança. Por outro lado, é bom lembrar que a confiança não depende apenas da experiência com os pais. A fé pode, certamente, auxiliar no fortalecimento da confiança. Eu sei que Deus está comigo, que por Ele sou bem-vindo a este mundo porque Ele me criou e me formou. Ele está ao meu lado e me fortalece e protege como um pai. Deus é o fundamento de minha existência e quem me possibilita a firmeza na vida.

A confiança gera confiança

Confiança não é algo que eu possa intermediar para você dizendo simplesmente: "Basta confiar que as coisas vão acontecer!" Tais palavras nunca lhe convencerão. O que você precisa é da experiência da confiança. E isto só conseguimos por meio de pessoas espiritualmente fortalecidas. Trata-se de pessoas que confiam em nós e não temem seja a nossa agressividade, nosso livre-pensar ou mesmo nossas malpensadas opiniões. Você precisa da experiência de alguém confiar em você sendo você diferente, por exemplo, de mim ou de seus pais.

Quando eu costumava oferecer cursos para jovens, muitos ficavam surpresos por eu não ter uma lista para o controle do pagamento dos participantes. Eu simplesmente usava uma pequena caixa onde todos deveriam depositar a sua contribuição. Não controlava nada. No entanto, no final do curso, todos tinham pago. Quem semeia confiança colherá confiança.

Mas existem também as experiências durante o culto que podem fortalecer a sua confiança. Quem se sente acolhido e apoiado numa comunidade de oração vai se sentir de forma diferente no mundo. Ele(a) se sentirá no dia a dia sustentado por Deus e pela comunidade dos que pensam como ele. A experiência comunitária da oração, do cantar juntos, da comunhão, quando nos tornamos um com o Cristo, fortalece cada um de nós, mesmo quando sozinhos entre pessoas com outras formas de pensar, pois nos sentimos sustentados pela fé e apoiados pela comunidade de fé. Não é a exigência de confiar que produz a confiança, mas a experiência da confiança. E uma comunidade de oração contribui ainda mais para o desenvolvimento da confiança entre as pessoas. Ali a confiança entre nós é sustentada pela nossa confiança em Deus, que pode ser experimentada na oração comunitária. E essa confiança, que é experimentada ao mesmo tempo por Deus e pelas pessoas, penetra no coração como uma profunda experiência que, então, vai marcar de forma definitiva o nosso dia a dia.

Confie em você!

Queremos confiar uns nos outros. Ao mesmo tempo, porém, você tem medo, nós temos medo, de que nossa confiança seja frustrada ou possa sofrer abuso. Talvez você não confie suficientemente em você mesmo ao ponto de ser capaz de demonstrar seus sentimentos aos demais. Eles podem espalhá-los por aí e você se tornar objeto de chacota. Talvez você tenha medo também de se ver tolhido em uma relação. Você pode se sentir ferido se essa relação não der certo. Também aqui a fé pode ajudar. Ela me revela que o edifício de minha vida não se desmoronará se alguém abusar de minha confiança. A casa da vida não depende da opinião dos outros nem de sua confiança. Eu descanso em mim mesmo. Eu descanso em Deus. É isso que cria e garante a minha independência. E essa independência é a condição primeira que me permite envolver-me com o outro. É claro que é doloroso quando alguém em quem confiamos nos frustra. Quando ele ou ela começa a falar de mim com outros, espalhando aos quatro ventos o que eu lhe tinha dito em confiança. Este sofrimento eu não posso evitar. Mas eu posso superá-lo e encontrar em mim mesmo a confiança na vida, em mim e em Deus. E esta confiança no fundamento de minha alma ninguém pode destruir, nem mesmo aquele(a) que abusou de minha confiança.

Exercício

O que segue é algo que você poderia experimentar: autoconfiança tem tudo a ver com o fato de eu me afirmar. Ponha-se de pé, bem ereto, com os pés separados numa distância equivalente à largura de sua cintura. Então imagine que você está de pé como uma árvore que tem suas raízes profundamente enterradas na terra. A força das tempestades não conseguem derrubá-la. O vento apenas a faz balançar de um lado para o outro. Ela permanece firmemente enraizada. Dirija então seu pensamento para o seu ponto central – que se encontra, mais ou menos, no seu baixo-ventre – e imagine, então, que ninguém pode lhe afastar dele. Imagine ainda que você, como uma árvore que desenvolveu sua copa para cima, tem sua parte superior aberta, como se Deus lhe puxasse suavemente pelos cabelos para lhe manter ereto. Agora, então, você dirá para você mesmo e devagar a seguinte frase, prestando atenção nos sentimentos que lhe advirão: "Eu tenho um ponto de vista. Sou capaz de permanecer em pé... na minha... Posso aguentar o que vier. Eu sou mais eu". Assim você pode aprender numa boa representação o que é autoconfiança. Quando você tiver que ler algo na frente de outros, lembre-se: você está ali como uma árvore. Os ventos contrários que soprarão sobre você vindo dos outros, na forma de, por exemplo, expectativas ou julgamentos, não lhe poderão fazer nenhum mal. Você está, apesar deles, certo em você mesmo e para você.

2

Devo ou posso?

Sobre liberdade e responsabilidade

Um jovem estudante passou o dia inteiro correndo atrás de seu mestre fazendo-lhe perguntas para as quais ele queria de qualquer maneira uma resposta: “Mestre, numa situação de emergência, estando eu com fome e não tendo nada para comer, me seria lícito roubar algo?” “Mestre, tenho que fazer o que meus pais me dizem?” “Mestre, posso confiar neste ou naquele professor?”

O mestre permaneceu em silêncio diante de todas estas perguntas. No fim do dia ele disse: “Em você mesmo está a resposta para cada pergunta que fez, se você soubesse como procurá-las”.

Expectativas

Os jovens desejam se sentir livres e independentes da opinião dos outros. No entanto, preocupam-se em saber o que os outros esperam deles. Perguntam-se se estão sendo capazes de responder às exigências que lhes são colocadas pela própria vida. Demandas que lhes são dirigidas seja pela escola, pelo processo de formação ou pelo estudo. Além disso, refletem sobre o que seus pais estariam esperando da parte deles. Nesse processo da vida muitos, inclusive, duvidam se os adultos têm algum interesse em saber acerca daquilo que os motiva, o que pensam ou o que fazem. Talvez você mesmo já se tenha feito esta pergunta. Por outro lado, é claro que muitos de vocês sentem a necessidade de serem respeitados e levados a sério pelos adultos.

Para nós, adultos, as dúvidas de vocês são como que um apelo para que nos aproximemos e partilhemos de seus sentimentos e ideias. O primeiro passo para isso consiste na disposição de, simplesmente, estarmos prontos para ouvi-los e, ainda, na determinação de procurar entender o que realmente os motiva e sensibiliza. Assim, em primeiro lugar, e a partir de minha experiência, posso tentar lhes responder, mas sabendo de antemão que, na realidade, jamais poderei responder as suas perguntas. Penso, no entanto, que minha tentativa em fazê-lo deve desafiá-los a buscarem, por vocês mesmos, as respostas que anseiam.

Para muitos são os pais que continuam sendo a referência fundamental, a quem desejam se apresentar bem e cujas expectativas procuram corresponder. Outros, no entanto, orientam-se mais pela opinião das outras pessoas ou, então, procuram enquadrar-se naquilo que está na onda. Ser *in*, como se dizia há algum tempo. Ou seja, procuram corresponder às expectativas propostas pelos meios de comunicação. Ao mesmo tempo, porém, percebem que essas expectativas estão continuamente mudando. Algumas que até ontem eram consideradas *cool*, hoje já não mais o são. Aquilo com que alguém ontem podia luzir e marcar pontos, hoje se torna fora de moda e objeto de zombaria. Por isso, muitas vezes, vocês mesmos não sabem a que expectativas de seu ambiente vocês devem responder, dada a rapidez com que as mudanças se processam em seu meio.

Por causa disso muitos, entre vocês, experimentam o temor de não serem *in*. Com frequência, este sentimento tem a ver com a falta de autoconfiança. Alunos e alunas, por exemplo, experimentam a sensação de medo quando não podem usar roupas de marca. Temem ser ridicularizados ou não acolhidos por seus colegas. Experimentam, então, a sensação de perda de pertença ao grupo. E isso é o pior que pode acontecer aos jovens. Na medida em que não se sentem pertencentes nem a Deus e nem a si próprios, precisam ter certeza de que pertencem ao grupo. A condição para isso está no cumprimento das expectativas propostas pelo seu meio. E isso os torna, então, presos e limitados. Ou seja, são levados a um novo tipo de escravidão, a escravidão do grupo.

Em conversas que tenho tido com vocês percebo quão grande é o desejo que sentem de serem tratados com seriedade pelos adultos. Por pessoas capazes de acolherem suas perguntas sem a pretensão de tutelá-los e nem de julgá-los apontando-lhes um dedo acusador moralista. O que vocês querem é apenas serem ouvidos para, então, poderem desenvolver novas ideias que sempre nascem a partir de uma boa conversa.

Em diálogo com vocês tornei-me dolorosamente consciente de que muitos pais não têm mais tempo para se envolverem numa conversa sincera e verdadeira com seus filhos e filhas. Os constantes conselhos e advertências para, por exemplo, manterem tudo em ordem, impedem, muitas vezes, que um verdadeiro diálogo com os filhos aconteça. Na verdade, somente quando vocês, enquanto jovens, puderem se ver num sincero diálogo com os adultos é que poderão descobrir o que realmente lhes importa.

Assumindo responsabilidades

Uma pessoa adulta é aquela que olha para o futuro e reflete perguntando-se a respeito das consequências de suas ações tanto para si mesma como para o resto do mundo. Esta é uma forma extrema de responsabilidade. Antes de tudo, trata-se de assumir a responsabilidade pela própria vida. Há jovens, no entanto, que não estão preparados para isso. Quando não conseguem realizar nada de significativo em suas vidas, acusam seus pais de serem culpados por isso. Ou, então, responsabilizam a escola, os professores, os instrutores, as empresas, a Igreja e a sociedade de terem falhado ao não lhes franquearem o caminho para uma vida independente. Em lugar de assumir sua responsabilidade, preferem ficar no banco dos acusadores.

Responsabilidade significa, antes de tudo, desenvolver a própria vida. Não posso escolher o meu passado. Ele me é previamente oferecido. Mas o modo como eu respondo a ele é algo que depende de minha decisão. Sou responsável por isso.

Empregando nossas capacidades

Nosso Deus,
Tu tens dado a cada um de nós
diferentes dons e interesses.

Ajude-nos a usar de forma correta nossas capacidades,
empregando-as em favor uns dos outros.

Permite-nos reconhecer nossas tarefas no dia a dia,
mas sem deixarmos de olhar para os outros.

Dá-nos forças para iniciarmos nosso trabalho com
alegria
para que ele nos seja exitoso.

Ajude-nos para que, quando fracassarmos,
não nos acovardemos e nem desistamos.

Mostre-nos, também, nossos limites
e permite-nos ser agradecidos pela ajuda das
pessoas de bem.

Amém.

Martin Messner

Quando assumo, conscientemente, tudo aquilo que me foi dado e transmitido em termos de talentos, capacidades, marcas de caráter, educação e história familiar posso reuni-los de tal forma que o resultado será o surgimento de uma figura de muito valor. Muitos jovens, no entanto, não estão preparados para isso. Eles e elas se comparam com seus semelhantes e se sentem prejudicados.

Um grande obstáculo para que muitos jovens assumam a responsabilidade pela própria vida consiste nas ilusões que povoam suas mentes. Uma das principais é a ilusão de serem sempre exitosos, de estarem sempre bem e de terem tudo sob controle. Tais ilusões nos impedem de aceitar nossa própria condição mediana e de desenvolver as potencialidades com as quais Deus nos presenteou. Só porque não somos os melhores, deixamos de ir à luta, e essa atitude de recusa nos impede de viver plenamente. O resultado é que permanecemos sempre "infantis", dependendo de nossas irrealistas fantasias.

Por outro lado, é compreensível que, enquanto jovens, nossa primeira reação seja a de nos defendermos da necessidade de assumir responsabilidades pela nossa própria vida e pelo mundo. Pois isso significa abandonar o "ninho", o aconchego familiar, o ambiente de segurança a que estamos acostumados. Quem se sente protegido no ninho prefere ali ficar. É muito mais confortável.

Eu gostaria de encorajá-lo a assumir essa responsabilidade. Sendo você uma pessoa sincera, gostaria, sem dúvida, de fazer isso. Pois, por um lado, você tem prazer em decidir ou determinar sua vida por si mesmo. Mas, por outro, tem medo de assumir tais responsabilidades. Na verdade, você precisa de amigos, talvez de outros adultos, com quem conversar acerca de sua disposição em assumir responsabilidades, assim como sobre seus temores a respeito, sem que por isso seja julgado. É precisamente sobre estes dois aspectos da responsabilidade que você deseja ser levado a sério.

Autocrítica

Eu gosto de criticar:
Os pais simplesmente não me entendem.
Os avós são, como se sabe, de ontem.
As aulas são chatas e os professores péssimos,
as notas, simplesmente, injustas.

Eu sou generoso apenas comigo mesmo:
e isso é ruim apenas pela metade,
acontece às vezes,
não é nenhuma perna quebrada,
nobody is perfect.

Talvez eu devesse, em algum momento,
experimentar o contrário:
ser crítico em relação a mim e generoso com os
outros.
Eu seria justo para com todos!

Jonathan Düring

Liberdade no relacionamento com os outros

Na sua condição de jovem você tem, como todos os demais, uma enorme necessidade de liberdade. Você não deseja ser superprotegido por outros e sofre uma reação alérgica quando seus pais lhe dizem o que fazer ou em que acreditar.

Todos os jovens desejam experimentar a vida por si mesmos. Querem descobrir o que de fato lhes interessa. E desejam se sentir livres e independentes. Por outro lado, no entanto, sentem-se profundamente dependentes. Temem ser diferentes de seus companheiros de geração, pois poderiam ser, em certas circunstâncias, repelidos, rejeitados e isolados pelo grupo. Em muitas classes na escola domina uma certa "pressão da classe": quem tem uma opinião diferente sobre determinado assunto é, com frequência, impedido de falar. Por esta razão muitos se acomodam à opinião do grupo ao qual pertencem, embora não se sintam livres nessa situação. Vivem sempre com medo, escondendo suas opiniões para não caírem no conhecimento do grupo.

Ao contrário, a fé conduz ao conhecimento da verdadeira liberdade. Muitos jovens, no entanto, têm uma experiência de fé muito diferente. Acham que devem crer e assumem facilmente o que outros já pensaram a respeito. Relacionam a fé com as exigências morais da Igreja, que lhes são totalmente estranhas.

O que me parece decisivo para lhe dizer é que a fé é um caminho para a liberdade. Quem tem seu fundamento em Deus permanece firme e seguro em meio às outras pessoas que pensam de forma diferente. O temor de Deus liberta do temor ante as outras pessoas. Quando Deus é importante para mim eu me torno alguém com sólido poder. Não me submeto com facilidade e construo a casa da minha vida sobre a rocha de Deus e não sobre a areia das expectativas das outras pessoas. Isso me torna realmente livre. Não tenho que corresponder às expectativas criadas ao meu redor e muito menos me justificar diante da cadeira de um juiz autonomeado. Sou responsável diante de Deus. Isto me livra da pressão de justificar-me diante das opiniões dos outros. Mas como isso, de fato, acontece? Vamos dar uma olhada no que a Bíblia diz a respeito disso.

Os Dez Mandamentos: um guia para a liberdade

Nosso mundo se torna cada vez mais diversificado e obscuro. Esta é a razão por que muitas pessoas estão à procura de uma orientação clara. Procuram por bons conselhos que lhes permitam ter êxito na vida. Os Dez Mandamentos podem ser um bom guia, oferecendo-nos direção para uma vida adequada. Na medida em que nos mostram a direção a seguir oferecem-nos, também, a força para nos pormos a caminho. Pois quem conhece a direção sente-se fortalecido e motivado, à diferença daqueles que andam a esmo por estarem desorientados.

Os Dez Mandamentos têm um papel muito importante na busca de valores que dão à nossa vida firmeza e poder, força e dignidade. Podemos dizer que os Dez Mandamentos são como placas indicadoras no caminho durante a viagem pelo deserto de valores no qual nos encontramos hoje.

Vemos e ouvimos na mídia, todos os dias, o que acontece quando os mandamentos não são observados. Quando as pessoas perdem a noção do que é certo ou errado, do que é bom ou ruim, quando não mais se atêm às regras e aos critérios estabelecidos anteriormente, o mundo perde a sua dimensão humana. Ou seja, um mundo sem mandamentos é um mundo assustador. Em nada mais se pode confiar.

Não obstante, apenas o lamento acerca do esvaziamento dos Dez Mandamentos não tornará o mundo melhor. Tampouco contribuir, por meio de simples moralismos, para que os Dez Mandamentos se estabeleçam entre os homens. O que realmente importa é mostrar às pessoas que as palavras de Deus são sempre palavras de vida, palavras de amor e palavras de dedicação. São palavras para o caminho que podemos acolher em nossa caminhada.

Jesus não se preocupou em tomar os Dez Mandamentos na especificidade de cada um, mas os reduziu a só: amar a Deus, a si próprio e ao próximo. Ele compreendeu do que se trata, realmente, nos mandamentos: se amamos a Deus, ao próximo e a nós mesmos, se o amor é, de fato, o fundamento de nossa vida, ou se é o ódio, a discórdia, a inveja e a violência. Sem amor os mandamentos permanecem vazios. Sem amor não poderei observar nenhum mandamento. É o amor que empresta vida ao mandamento.

Posso entender os Dez Mandamentos como um espelho no qual vejo refletida tanto a minha imagem como a minha condição interior. Posso ver, então, se estou indo por um caminho que me faz bem ou se estou na direção do erro. Posso também reconhecer em que situação me encontro, se estou vivendo realmente, se sou de fato livre ou se me deixei escravizar novamente.

Os mandamentos de Deus não pretendem ser nenhuma carga, mas serem fonte de alegria para as pessoas. Querem iluminar seus olhos para que vejam o mundo tal como ele é. Somente nesta perspectiva é que podemos compreender corretamente os mandamentos de Deus. Eles se constituem numa ajuda para que a vida possa acontecer. Protegem a liberdade com a qual Deus presenteou os humanos. Por isso são a fonte para a tranquilidade interior, a alegria, a sabedoria e o conhecimento.

Exercício

Quero lhe propor um exercício para você sentir a sua liberdade: sente-se num lugar onde se sinta bem confortável e diga várias vezes para você mesmo: “eu sou livre”. Deixe que esta frase fale ao seu coração. Procure então perceber como seu coração e todo o seu corpo a sentem.

Talvez você já tenha experimentado a sensação de se sentir oprimido ou de estar carregando um peso. Quando você permite que esta frase percorra todo o seu corpo, vai sentir que seu coração se abre: você experimentará a sensação de largueza e de liberdade.

Talvez surjam situações nas quais não se sinta livre – por exemplo, quando alguém coloca sobre você determinada expectativa ou lhe dirige determinado desejo; ou, então, quando alguém deseja lhe impor determinada opinião ou exercer poder sobre você.

Nesses casos diga para si mesmo: eu pertenço a Deus e não a essas pessoas. Em Deus eu sou livre. Diante dele não tenho que realizar nenhuma expectativa, mas, simplesmente, ser.

3

Juntos somos... Fortes? Intoleráveis? Solitários?

Sobre relacionamento e amizade

Certa vez uma mulher procurou um mestre e reclamou longamente de sua amiga. “A amizade de vocês seria mais feliz se você fosse uma amiga melhor”, disse-lhe o mestre. A mulher ficou perplexa com a afirmação e perguntou: “E como eu poderia ser?”

“Na medida em que você deixar de se preocupar em fazer de sua amiga uma pessoa melhor e procurar aceitá-la tal como ela é.”

Amizades

De minhas conversas com vocês e, também, da correspondência que tenho recebido, tenho me dado conta de quão importante são as amizades para vocês. Recentemente, recebi uma carta onde a missivista escreve: "Encontro-me particularmente feliz porque no último ano encontrei muito bons amigos. Sem eles tudo teria sido, de alguma forma, vazio. Estou muito agradecido por isso. Mas o temor de me decepcionar ainda me acompanha. É muito legal ter alguém com quem se pode falar sobre tudo. Com meus pais isso não é possível". Mas tenho observado em minhas conversas que tanto o desejo por amizades como a gratidão pelas experiências já havidas com os amigos são sempre acompanhados por questões que revelam um certo temor: Será que meu amigo vai manter essa amizade? Será que nossa amizade vai durar?

O que eu percebo dessas preocupações é o seguinte: vocês valorizam os bons amigos, com quem podem ter boas conversas e em quem vocês confiam, pois frente a eles vocês podem ser o que realmente são. Nessas amizades vocês descobrem suas próprias identidades, sentem-se encorajados a expor suas fraquezas e seus temores. Exatamente por isso vocês encontram sua própria verdade, e a partir daí algo novo começa a se desenvolver.

Muitos jovens, entretanto, sentem muito a necessidade de uma amizade por não suportarem a solidão. Mas essas não são amizades verdadeiras. Alguém me escreveu: "Por que muitos se apresentam como sendo amigos de todos, como se gostassem de todos? Será que eles têm medo de estar sozinhos?" Quando me comporto desta forma, como sendo amigo de todos, isso significa que não tenho, de fato, nenhum amigo. Demonstro uma certa abertura, mas não me abro realmente para os outros, não lhes revelo quem sou de fato. Ou seja, mantenho-me afastado dos outros.

Frequentemente vocês, jovens, têm um faro especial que lhes permite descobrir quem pode ser, realmente, seu amigo ou amiga. Numa tal amizade o que vale não são os elementos externos como força, boas notas ou muito dinheiro, mas qualidades pessoais como honestidade, abertura e profundidade. Os amigos são uma ajuda para vocês encontrarem a sua própria identidade. Com verdadeiros amigos vocês podem falar de si mesmos. Vocês experimentam uma sensação de confiança e percebem que podem se expor como realmente são. Podem, inclusive, falar de seus medos, pois não têm por que iludi-los.

Quando converso com meu amigo ou amiga sobre sentimentos como ciúme, inveja, medo ou insegurança entro em contato com minha própria alma. Então, até aquilo que para mim mesmo estava escondido ou dissimulado se revela. E, na medida em que isso acontece eu aprendo mais sobre mim mesmo. Quando meus sentimentos não são objeto de censura por parte de meus amigos, torno-me mais confiante em minha própria alma. Surge então um sentimento de segurança e de liberdade. Não tenho que esconder mais nada. Posso dizer o que quiser que esteja em minha alma. Passo a conhecer-me melhor. E terei prazer em expressar tudo aquilo que me vai na alma. Isso torna minha vida mais rica e colorida. No cultivo da amizade eu aprendo a me conhecer melhor.

Na verdade todos os jovens anseiam por esse tipo de amigos, pois lhes oferecem firmeza e segurança. Mas, ao mesmo tempo, temem pelo fato de que a amizade pode se romper. Por isso, frequentemente têm medo de se entregar a essa experiência, temendo que sua confiança seja manipulada ou traída. Muitos preferem permanecer isolados por saber que não suportariam a dor de uma amizade quebrada. Nós, adultos, podemos, no entanto, encorajá-los a se entregarem às amizades.

Confiança, autoconfiança, confiança nos outros

Todos nós, não apenas os jovens, desejamos ser alvo da confiança dos outros e, também, poder confiar cegamente neles. Porém, muitos me relatam que seu anelo por confiança sofre certa intimidação quando o outro(a) demonstra estar verdadeiramente interessado numa amizade com eles. Têm medo de se revelarem aos demais como realmente são. Ou seja, temem que os outros descubram, por trás da fachada que apresentam, que não são, por exemplo, tão autoconscientes como aparentam ou que possuem também aspectos negativos que não correspondem à figura que se esforçam por exibir. Esse medo os impede de se abrirem a outros. Essa carência de autoconfiança se constitui num obstáculo para a construção de relações de confiança com um amigo ou amiga. Isso porque percebem que a confiança gera proximidade e esta não permite mais que nada permaneça escondido. As pessoas têm então que se mostrar como de fato são.

Permite-me que te ouça hoje

Senhor,
permite-me hoje ouvir-te, em ti pensar
e atentar para o meu próximo.

Permite-me ser sensível
quando alguém é enganado,
quando alguém está triste,
quando alguém se sente oprimido.

Permite-me ajudar quando alguém estiver só,
quando alguém se tornar impossível,
quando alguém for marginalizado.

KATRIN PICKEL

Esta abertura só se torna possível para quem confia em si mesmo e se assume tal qual é. Muitos jovens se sentem divididos entre seus anelos por confiança e seus temores para se lançarem na aventura da confiança. Fica sempre o medo de que o outro possa contar aos demais tudo aquilo que lhe foi mostrado, transformando-os em objeto de chacota.

Com frequência os jovens tornam-se também inseguros em função do que lhes é apresentado na mídia que, por um lado, lhes oferece uma representação ideal da amizade e, por outro, exibe cenas de amizades interrompidas. Tais representações e cenas podem desanimá-los e impedi-los de entrar numa relação de amizade na medida em que se sintam incapazes de corresponder às expectativas de um bom amigo ou amiga.

Acompanhando os jovens sempre lhes falo acerca do dilaceramento interior que muitos sentem. Procuro lhes tornar claro que envolver-se com outra pessoa é sempre um risco. Somente posso me comprometer com alguém quando sei, a partir de minha interioridade, que minha identidade mais profunda não é dependente de ninguém. Somente quando sou capaz de acolher interiormente o fracasso é que poderia me envolver numa amizade.

Tudo ou nada?

Em minhas conversas tenho observado que os jovens costumam pensar nas categorias de "tudo ou nada". A amizade ou é muito boa ou não é nada. No entanto, a vida se passa no meio desses extremos, na medianidade. A amizade não é para ser nem ideal e nem impossível. Ela é o que é.

Uma amizade cresce lentamente. Na medida em que confio em meu sentimento quando me relaciono com o outro, vou percebendo que ressonância isso provoca e se posso confiar nele(a). Quanto mais vou percebendo que o outro é digno de confiança, maior se torna meu envolvimento. Mas, se desde o começo do relacionamento percebo que ele comenta nossa relação de forma depreciativa com outros, entendo que devo colocar limites a nossa aproximação. Isso, no entanto, não abala a minha autoconfiança, pois me dou conta de que a quebra dessa amizade é devida, basicamente, à imaturidade do outro.

Mesmo uma longa amizade pode experimentar uma crise. E isso não é totalmente ruim, pois uma crise é sempre uma oportunidade para se esclarecer o que está acontecendo de errado. Talvez nada. Quem sabe nos aproximamos tanto que podemos nos ver com tal honestidade a ponto de nos desiludirmos um do outro. Esta desilusão, por sua vez, é saudável para uma amizade, pois as ilusões de forma alguma a fortalecem, antes fecham nossos olhos para a verdade. Assim, a amizade só se torna estável na medida em que eu e o outro nos aproximamos e nos abrimos cada vez mais, "sem ilusões" a respeito um do outro. Uma crise e um conflito não significam o fim de uma amizade. São, antes de tudo, um desafio para se seguir com maior honestidade para consigo mesmo e para com o outro.

Uma fé que alivia

Os jovens demonstram altas expectativas com respeito às relações. São justamente essas expectativas que lhes fazem temer pelo fracasso delas. Para que uma relação se torne exitosa é preciso que seja abençoada por Deus e que prossiga atravessando crises por meio das quais se torna ainda mais forte. A fé não é uma receita patenteada que vai me garantir o êxito de uma relação. Mas a fé pode me ajudar a encontrar os critérios adequados em minha busca de amizade e companheirismo para me envolver numa relação cheio de confiança.

Quanto amor existe num beijo?

O que podemos contar e medir:
Quantas crianças estão numa classe.
Quantas janelas tem uma casa.
Quão rápido voa um avião.
Quanto pesa uma pedra.
Quão longa é uma rua.
Quão altas estão as nuvens.

O que não podemos contar e medir:

Quanto amor existe num beijo
que uma mãe dá em seu filho.
Quanto medo alguém sente quando está sozinho.
Quanto pesa uma boa palavra.
Quão caro é um bom amigo.
Quão difícil é quando não gostam da gente.
Quão profunda pode ser a ferida de uma mentira.
Quão grande pode ser uma alegria.

Günther Weber

Para mim, a fé pode ajudar numa relação de duas maneiras. Em primeiro lugar, ela me ensina que não serei abalado quando uma amizade se romper. Pois continuo nas boas mãos de Deus mesmo quando uma relação fracassa. Meus valores não dependem apenas dessa relação e os êxitos de minha vida não são dependentes somente de um exitoso companheirismo. A fé me alivia, pois me livra do medo. Ela me encoraja em meu envolvimento numa relação. Isto porque, por um lado, a fé me alivia por meio da reconciliação ao me garantir que o fracasso de uma relação não significa que eu tenha fracassado interiormente. Por outro lado, ela me alivia também ao me mostrar que, por meio da confiança Deus abençoa nosso companheirismo. Não tenho que ser responsável por tudo. O êxito de uma relação não depende somente de mim. Devo fazer o que posso e confiar que nossa amizade está sob as bênçãos de Deus.

Uma outra compreensão da fé também pode ser uma grande ajuda para nossos relacionamentos. Exigimos demais um do outro, pois, mutuamente, alimentamos altas expectativas. Queremos sempre amor absoluto, consistência absoluta e segurança absoluta. Algo que somente Deus pode nos dar. Entretanto, essas projeções também nos aliviam. Quando não espero algo absoluto do outro, mas apenas sinais que apontam para o absoluto, posso me sentir agradecido por tudo o que me pode oferecer. Ele(a) não realiza todos os meus desejos, mas mantém desperta minha ânsia por Deus.

Não lhe acusarei de não poder me oferecer firmeza e amor absolutos. Desse modo posso desfrutar da relação e, ao mesmo tempo, relativizá-la. Ela se torna uma imagem da relação com Deus e me indica, uma e outra vez, apesar de seus limites, o ilimitado e inesgotável amor de Deus que é sentido por nós em nosso limitado amor.

Você, certamente, alguma vez já se apaixonou. Ficou superfeliz quando seu amor foi correspondido. Outras vezes você sofreu ao descobrir que estava apaixonado, mas seu amigo ou amiga não. O amor que você sentia naquela ocasião era o seu próprio amor. Ele lhe pertencia. Mesmo quando não era correspondido ele era seu. Ninguém pode tirá-lo de você. Ele lhe demonstra que você é capaz de amar e que o amor traz um novo sabor a sua vida. Quando você vai fundo em seu limitado amor, descobre uma verdadeira fonte de amor em si mesmo que se torna inesquecível e permanente, porque é divino. Cada um de nós deseja amar e ser amado. Mas o objetivo dessa experiência de amor não é que alguém apareça e nos torne para sempre satisfeitos com o seu amor. Mais do que isso, significa que cada experiência de amor que vivemos nos instiga a novas buscas. O alvo é nos mostrar que, como somos amor, devemos levar a sério aquilo que é próprio de nossa condição, ou seja, que tudo em nós é preenchido pelo amor. Assim, o amor que está em nós se espalha em direção às pessoas, à natureza e a tudo o que existe. Quando você vivencia essa experiência vai descobrir que se trata de uma experiência espiritual. Você experimenta, finalmente, o amor como fundamento de sua alma. E esse amor é divino. É mais do que apenas sentimento. É uma qualidade do ser. Um poder que Deus nos dá para que nossa vida alcance um novo sabor. Quando você é tocado por essa fonte divina do amor perde o medo de que seu amor seja sempre correspondido, pois você agora sabe que esse amor divino ninguém lhe pode tirar.

Exercício

O seguinte exercício pode lhe ajudar: Sente-se num lugar confortável onde se sinta protegido. Deixe, então, passarem diante de seus olhos interiores todas aquelas experiências de amor que lhe ocorrerem: seu estar apaixonado, o amor no dia a dia, o amor que se expressa na sexualidade e que faz você se sentir alguém e, também, todas as feridas oriundas de uma vida em comum com outro(a) e as decepções advindas do amor.

Dê vazão a todas essas experiências sem valorá-las e nem detê-las. Viaje através dessas experiências até às raízes de sua alma. Os sentimentos de amor estão no espaço de seu peito. Ali, sob a região das emoções, se encontra, em você, uma fonte de amor que nunca se esgota porque é divina.

Imagine que essa fonte de amor está em você, que ninguém pode lhe tirar e que ela nunca se acaba porque é sempre alimentada pelo amor Deus.

Desfrute desse amor no fundo de sua alma e confie nele. Ele é mais forte do que qualquer conflito ou discussão. Ele está em você mesmo quando não percebe qualquer sinal de amor e os outros lhe pareçam totalmente estranhos.

Deixe que esse amor tome conta de você como uma corrente que percorre o seu corpo, as pessoas ao seu redor, aqueles e aquelas que você mais ama, e, finalmente, Deus. Então você entenderá o que Paulo queria dizer quando escreveu: "O amor tudo suporta, tudo crê, tudo espera, tudo desculpa. O amor jamais acabará" (1Cor 13,7s.).

4

Por que tenho que me levantar cada manhã?

Sobre o sentido da vida

Um aluno particularmente impaciente correu desordenadamente entre os colegas empurrando-os para o lado para colocar-se na frente do mestre.

"Mestre", exclamou ele, quase sem poder respirar: "Qual é o sentido da vida?"

O mestre levantou-se e dirigiu-se para fora da sala enquanto o aluno o olhava em total desconcerto. Ao chegar à porta virou-se e lhe disse:

"Você é capaz de guardar um segredo?" "Sim, claro!", respondeu o aluno, ansioso e cheio de expectativa.

"Veja você, eu também!", disse o mestre, com um sorriso dissimulado nos lábios, fechando a porta atrás de si.

O que quer dizer "pleno de sentido"?

Certa vez, durante uma conversa com um grupo de jovens, a pergunta acerca do sentido da vida mexeu com a maioria deles. Eles se perguntavam se e quando suas vidas teriam sentido.

As respostas a esta pergunta foram variadas. Alguns disseram não saberem qual o sentido de suas vidas, mas que iriam procurá-lo. Um jovem afirmou que, para ele, a vida teria sentido toda vez que ele estivesse feliz e pudesse ver tudo ao seu redor de forma positiva. Outro via sentido em sua vida na medida em que fosse capaz de realizar algo grande no mundo – seja por meio de um projeto ou de ideias que ele pudesse expressar ou escrevendo ou pintando. Para um outro, o sentido da vida consistiria na capacidade de apreciar os seus valores e vivenciá-los da melhor maneira possível. Outra opinião expressa foi de que o sentido da vida estaria no esforço pela sua plena realização. Uma jovem se manifestou afirmando que gostaria de permanecer fiel ao que ela achava importante: viver a vida que ela tinha recebido de Deus.

Todas estas respostas mostram-nos caminhos pelos quais podemos ver um sentido para nossas vidas. Eu mesmo vejo o sentido da vida de duas maneiras diferentes. A primeira tem a ver com o fato de que eu vivo a vida singular que Deus me destinou. Sobre isso Jesus afirmou que não podemos simplesmente viver, como a maioria vive. Nossa vida é única, extraordinária. Deus fala a cada um de modo muito pessoal. Nossa tarefa, portanto, consiste em levar muito a sério, neste mundo, a palavra única, especial, que Deus tem dirigido a cada um. Isso implica um certo esforço para se descobrir a própria condição de singularidade de nossa vida e vivê-la contrariando as expectativas do ambiente que nos rodeia.

A segunda resposta à pergunta pelo sentido da vida consiste, para mim, em descobrir as tarefas que me correspondem neste mundo. Falando biblicamente, eu diria: eu sigo o chamado que me foi feito por Deus. Portanto, devo me perguntar em que consiste esta minha missão no mundo:

Como poderei contribuir para tornar este mundo mais humano, mais caloroso e mais cheio de amor e de sentido?

Encontrar as próprias pegadas

Na busca de compreensão de minha missão neste mundo o que está em jogo não é a satisfação de minhas ambições. Se, por um lado, devo reconhecer meus limites, por outro, não devo ter pensamentos menores a respeito de mim mesmo. Cada um de nós tem uma tarefa a cumprir neste mundo. Cada um, com sua vida, deixa uma pegada ou uma marca neste mundo que só pode ser feita por ele(a) mesmo(a). Descobrimos qual seja esta tarefa na medida em que nos damos conta de nossas forças e fraquezas, de nossos talentos e preferências. Por outro lado, também a descobrimos quando observamos as pessoas ao nosso redor. Talvez Deus nos chame por meio de pessoas que nós vemos e que se encontram em necessidade e que despertam em nós a disposição de fazer algo significativo para os demais. Ou, então, descobrimos nossa tarefa na medida em que procuramos lutar por um mundo mais humano, colocando nesse empenho todas as nossas forças para que as futuras gerações possam viver bem neste mundo.

Justamente os jovens precisam de um sentido que os conduza à ação. Necessitam de um objetivo a que possam aspirar. Um objetivo para o qual se possa oferecer a vida e que, por sua vez, desperte as forças e as capacidades. E esse objetivo produz em nós a energia que nos capacita para nos colocarmos em favor dos outros e, assim, também, crescermos pessoalmente. Uma pessoa só se torna feliz quando encontra um sentido para sua vida e sente que ela se tornou frutífera para outros.

A Psicologia nos diz que a vida só se realiza quando encontramos um sentido para nós. O famoso psicólogo e terapeuta Viktor Frankl descobriu que as pessoas adoecem quando deixam de ver qualquer sentido em suas vidas. Para ele são três os tipos de valores que dão sentido às nossas vidas.

Só você sabe a resposta

Quem eu sou?
De onde eu venho?
Para onde eu vou?
Qual é a minha tarefa?

Estas e muitas outras perguntas
já me fiz muitas vezes,
mas somente você sabe as suas respostas.
Deus, por favor, diga-me quais são!

MICHA PRECHTEL

Valores dão sentido

O primeiro tipo de valor tem a ver com a experiência. Quando tenho uma experiência da beleza, quando aprecio um pôr de sol, quando me sinto amado, quando jogando futebol faço um gol, não pergunto pelo sentido de nada, pois, simplesmente, experimento a minha vida como plena de sentido.

O segundo se refere ao valor da criatividade. Quando me dou bem numa prova, quando posso fechar um negócio com êxito, quando consigo fazer alguma coisa artesanalmente, que corresponde exatamente ao que tinha imaginado, quando me sinto como um ser criativo experimento a minha vida como plena de sentido.

O terceiro tipo de valor que dá sentido à minha vida são os valores relativos a atitudes. Eles são particularmente importantes em situações difíceis como nas enfermidades, no sofrimento, nos momentos de perda de alguém querido. Não posso modificar essas situações. Mas posso decidir como reagir frente a elas. No sofrimento posso me desesperar ou, então, procurar responder a cada situação de tristeza.

Viktor Frankl viu na fé um bom caminho para dar sentido à vida. Os valores relativos às atitudes nos indicam que sempre se depende das interpretações. A fé interpreta a minha realidade e me ajuda, com isso, a superá-la.

Não há vida sem interpretação. Cada um de nós tem a sua interpretação pessoal. Quando de manhã me levanto e vou para o trabalho tenho, inconscientemente, uma interpretação preparada. Talvez entenda o trabalho como tedioso ou como uma carga. Assim, vou vivenciá-lo como tal. Quando interpreto minha vida a partir da fé tudo passa a ter um sentido. Não trabalho porque o meu chefe espera algo de mim, mas porque eu recebi de Deus a capacidade de trabalhar de forma criativa. Não aprendo para deixar o professor contente, mas para desenvolver minha capacidade e me preparar um bom futuro. Assim, nossa tarefa consiste em encontrar uma interpretação para a nossa vida que a torne plena de sentido.

A fé pode nos ajudar a descobrir um sentido para a nossa vida, pois ela interpreta a nossa vida a partir de Deus. E, a partir de Deus, tudo recebe um sentido, mesmo aquilo que, em princípio, não entendemos. Quando creio que Deus me chamou ao mundo para, por meu intermédio, torná-lo mais humano e amorável, minha vida ganha, então, um sentido. Por isso posso, a cada manhã, começar o dia com esse sentimento de que eu, hoje, posso levar ao mundo luz e amor.

Por que vale a pena viver?

Com frequência os jovens me perguntam se, de fato, vale a pena viver, uma vez que tudo parece não ter sentido nenhum. Outros dizem: Eu não posso me responsabilizar por trazer crianças a este mundo que cada dia se torna pior. O meio ambiente é cada vez mais destruído. A violência cresce. A vida é cada vez mais desvalorizada. Ou: Por que valeria a pena viver quando tenho uma doença incurável, quando não tenho chance no mercado de trabalho, quando tudo parece sem perspectiva alguma? Não seria, pois, consequente, despreocupar-se da vida e viver da forma mais reduzida possível? Estas perguntas nos ocorrem e me assusto com a desesperança que está por trás delas.

A fé nos diz que toda vida é digna de ser vivida, inclusive a doente. Mesmo a pessoa enferma tem um valor perene. Ela nos mostra o outro lado da vida. Ninguém é sempre saudável, forte e exitoso. Na verdade, o lado fraco e doentio da vida nos mostra uma outra coisa, o verdadeiro valor das pessoas. E ele consiste em sua unicidade enquanto pessoa. Tenho tido experiências com pessoas enfermas que me têm presenteado com a transparência de uma luz que em mim mesmo nunca pude notar.

Quando a vida nos contraria os planos, quando algo nos acontece que nos faz abandonar tudo o que tínhamos pensado, estas perguntas então aparecem. Mas é exatamente nessas situações que a fé nos pode ajudar a descobrir por que a vida vale a pena.

Gregório de Nissa, um dos chamados Pais da Igreja, que viveu no século IV de nossa era, usou uma figura do esporte para nos ensinar isso. Segundo ele, quando você deseja correr 1.000 metros seria bom ter um outro corredor para correr com você. Ele lhe acompanha para que você possa chegar rápido ao seu alvo. Você não precisa ser o primeiro. Mas seu acompanhante exigirá o máximo de você mesmo. Gregório está pensando naquilo que cruza nosso caminho, que nos persegue – uma doença, um fracasso, uma infelicidade, a separação de uma pessoa querida que nos instiga a correr de forma mais clara na direção de Deus. O objetivo de nossa vida é correr na direção de Deus superando todos os obstáculos e dificuldades. A fé nos fortalece para que não esmoreçamos quando algo ruim nos atingir.

Deixe-me ir mais devagar

Deixe-me ir mais devagar, Senhor.
Alivie as rápidas batidas de meu coração
por meio da serenidade de minha alma.
Permite que meus rápidos passos se tornem
cadenciados com a visão do amplo tempo da
eternidade.

Dá-me em meio ao torvelinho do dia
o descanso da eterna montanha.
Desfaz a tensão de meus nervos e músculos
por meio da suave música das águas cantantes
vivas em minha lembrança.

Permita-me reconhecer o mágico poder do sonho
que me renova.
Ensina-me a arte dos instantes livres.
Deixe-me ir mais devagar,
para ver uma flor,
trocar umas palavras com um amigo,
afagar um cachorro,
ler algumas linhas num livro.

Deixe-me ir mais devagar, Senhor,
e dá-me o desejo
de fincar profundamente minhas raízes no solo
eterno
para que eu cresça elevando-me
ao meu verdadeiro destino.

ORAÇÃO AFRICANA

Exercício

Procure sentar-se confortavelmente em seu lugar de preferência. Deixe que sua consciência percorra todo o seu corpo. Imagine que você consegue que toda a inquietação que lhe incomoda o abandone. Pense então que a área de seu peito se transforma numa espécie de cinema interior. Nesse cinema começa, então, a rodar o filme de sua vida. Deixe rodar então, nessa tela interior, as cenas nas quais você experimentou a sua vida plena de sentido. Talvez surjam situações nas quais você se sentiu inteiramente integrado. Nesses momentos sua vida transbordava de sentido. Ou, para dizer de outra maneira, você nem se preocupava em perguntar pelo sentido, porque tudo estava, simplesmente, pleno de sentido. Talvez se destaquem situações nas quais você aparece engajado em favor de outros ou nas que conseguiu realizar um encontro feliz.

Quando nenhuma outra situação lhe aparecer pergunte-se: O que dá sentido a minha vida? Ou, então: Que sentido quero dar à minha vida? Que tarefas percebo para a minha vida neste mundo? Onde gostaria de me engajar? O que posso fazer bem? O que me resulta bem? Depois destas perguntas volte-se mais uma vez para o seu corpo. Procure sentir o espaço de seu peito, onde o filme de sentido de sua vida foi rodado. Agora, talvez, você perceba, simplesmente, o sentido. Você sente a concordância. Você está em harmonia consigo mesmo. Nesse instante você não pergunta mais pelo sentido. Você simplesmente o vivencia.

5

Isto é minha vida?

Sobre a descoberta das marcas da própria vida

Numa certa manhã e em meio a um turbilhão, uma determinada concha foi levada para o fundo do mar. Areia e água se chocavam, misturando-se, quando ela conseguiu dar-se conta de onde estava e perceber que um grão de areia perdido havia penetrado em seu delicado interior que ela, agora, assustada, apertava, arranhava e se feria. Apesar de todo o seu esforço, não conseguiu desvencilhar-se dele. Para que a dor finalmente terminasse ela começou a envolvê-lo com diferentes camadas de nácar. Finalmente o grão de areia perdeu seus cantos e pontas, deixando de lhe provocar dor.

Certo dia um homem mergulhou até o fundo do mar para juntar conchas. Dentre elas, ele trouxe também aquela com o grão de areia em seu interior. Quando mais tarde, em terra, ele a abriu, brilhou ante seus olhos a mais bela pérola que jamais tinha visto. Assim, de toda a dor e sofrimento da concha surgiu um valioso tesouro.

Nada de insignificância!

Muitos jovens experimentam uma grande ânsia em encontrar os sinais característicos de suas vidas. Desejam saber em que consiste a sua singularidade e como podem, com suas vidas, partilhar da construção deste mundo. Muitos pensam, no entanto, que não tem nenhum sentido participar da formação deste mundo porque isso os poderosos já fazem, e sozinhos. Sentem-se insignificantes porque acham que ninguém se interessa por eles(as). Esquecem-se de que cada pessoa participa da formação deste mundo. A Física atual, ao falar dos assim chamados campos morfogenéticos, afirma, de forma simples, a interdependência de tudo. O que pensamos, a maneira como vivemos, como sentimos, tudo isso incide sobre o nosso meio ambiente. As pegadas que imprimimos com nossa vida neste mundo o transformam. Tudo o que oferecemos a este mundo não pode ser tomado de volta.

Como podemos descobrir nossas marcas de vida? Para mim existem três caminhos para isso. O primeiro consiste em perguntar-me: Minha vida está de acordo? Ela me preenche? Sinto-me em harmonia comigo mesmo? Tenho clareza acerca de minha própria identidade? Quando sente que sua vida transcorre normalmente você pode, então, confiar que está próximo das marcas pessoais de sua vida. Mas estas não serão as suas marcas definitivas, pois estas se transformarão para você e para a sua harmonia interior. Seria bom, de tempos em tempos, procurar ouvir interiormente, tanto a disposição como o próprio corpo para saber se estamos em harmonia conosco mesmos.

Tu me chamaste à vida

Eu sou apenas uma criatura
criada por Deus,
uma entre muitas.

E, entretanto, sou
alguém muito particular.

Pois Deus me chamou à vida.
Deu-me um nome
e enviou-me ao mundo.

Quando penso nisso,
sinto-me feliz pelo fato
de que Tu, Deus, gostas de mim.

Eu te agradeço por isso.

Fabian Ott

O segundo caminho consiste em olhar para a sua infância, período quando você estava em harmonia consigo mesmo. Quando você pôde manter-se ocupado por horas sem se cansar? Quando você foi plenamente você mesmo? Quando pôde esquecer de si mesmo porque estava totalmente envolvido naquilo que fazia? Ou, então, com o que você sonhava para a sua vida, enquanto criança? Que profissão você gostaria de assumir? Que figuras bíblicas lhe fascinavam? Que contos de fadas ou que histórias você mais gostava de ler? O que, então, mais tocava o seu coração?

Quando você se faz essas perguntas ou quando se dedica a essas tarefas descobrirá as figuras que são importantes para a sua vida. Alguns exemplos: quando criança eu queria muito ser um pedreiro. Construir alguma coisa sempre me fascinou. Isso hoje é uma metáfora de minha tarefa de escritor: com minhas palavras quero construir uma casa para meus leitores e leitoras onde eles possam se sentir bem, onde possam descansar de suas preocupações e temores e encontrar novas forças para continuar sua vida cotidiana. Um homem me confidenciou que, quando criança, jogava apaixonadamente futebol. O destaque de sua vida, a sua tarefa, seria formar uma equipe de futebol com seus colegas de trabalho que, juntos, teriam como alvo dar uma nova forma ao mundo. Para isso era de grande importância para ele que todos os jogadores fossem considerados importantes, que todos jogassem juntos, contribuindo para a realização de um bom jogo. Cada um deveria jogar de modo a contribuir para o destaque de toda a equipe e não para exibir-se a si mesmo.

A sabedoria da concha

O terceiro caminho para se descobrir a singularidade própria da vida consiste em observar as feridas que você recebeu no decorrer de sua existência. Hildegard von Bingen costumava dizer que a arte de tornar-se humano consiste em transformar as feridas em uma pérola. Ali, onde somos deixados para trás, onde não somos amados como gostaríamos de ser, ali, onde não somos compreendidos, é onde experimentamos a dor. Ao mesmo tempo, também, sentimo-nos vivos. É quando nos damos conta de que devemos continuar em nossa busca. E, muitas vezes, é em situações como essas que nos abrimos às necessidades de outras pessoas. Porque nós mesmos fomos feridos, somos capazes de perceber as feridas dos(as) outros(as) e com isso nos capacitamos para aliviá-las ou, mesmo, curá-las. Muitos médicos, terapeutas e assistentes espirituais transformaram suas feridas em pérolas. Eles(as) demonstram compreensão para com as pessoas e lhes oferecem uma ajuda verdadeira. Descobriram sua força para isso em suas próprias feridas.

Tão diferentes como você e eu

Não importa como foi ou como é a sua história de vida: você pode imprimir sua marca neste mundo. Você não precisa comparar suas marcas com as marcas de outras pessoas. Um jovem psicólogo, certa vez, contou-me que, quando foi esquiar durante suas férias na região de Neuschnee, imprimiu seus rastros na montanha nevada e, depois, pôde observá-los de cima. Ele achou isso fascinante. Foi, para ele, um belo quadro o fato de ter podido, com sua vida, imprimir sua marca no "Neuschnee" deste mundo. Ele não precisou comparar seu rastro com o dos outros e nem mesmo copiá-los. Seu rastro, ou sua marca, era único. E ele era bom do jeito que era.

Confie no fato de que sua marca será boa na medida em que você estiver em harmonia consigo mesmo, com a palavra que Deus pronunciou apenas em você. E confie que este mundo, por meio de sua marca, se tornará mais claro, mais quente e mais humano.

Muitos trocam as marcas da vida por algum tipo de tarefa que podem realizar. Mas não se trata daquilo que possamos fazer e sim de algo que se irradia a partir de nós. Muitos irradiam simplesmente alegria e serenidade. Outros irradiam força e clareza. Esses imprimem sua marca neste mundo. Não precisam, para isso, mostrar uma grande obra.

Devem apenas imprimir, com consciência, a sua marca. Quando disse isto, certa vez, a um jovem que se apresentava como depressivo, ele afirmou que a ideia acerca das marcas da vida eram muito bonitas, mas, na medida em que ele tinha de lutar contra a depressão, ele não tinha como se ocupar com elas. Eu então lhe disse: "Ninguém espera que você imprima uma marca de alegria neste mundo. Mas se você se reconcilia com sua estrutura depressiva, bênção para este mundo poderá advir de você. Você imprime então uma marca de profundidade e segredo neste mundo. Com isso estará transmitindo aos demais que nem tudo está, simplesmente, na superfície, mas que existe uma profundeza, um abismo, um impenetrável segredo que envolve Deus e os humanos".

Mostre-me o caminho

Quem sou? O que sou? Por que sou?

Estas são perguntas que muitas vezes eu me faço, e sei que muitas vezes não há resposta.

Deus, você me mostra quem eu realmente sou, o que sou e por que existo.

Há uma razão significativa para o meu viver?

Eu lhe peço: Mostre-me o caminho, guia-me e não me deixes.

Daniel Hausknecht

Exercício

Olhe para a sua infância. Que lembranças lhe ocorrem de situações nas quais você não se preocupava consigo mesmo e sentia uma profunda harmonia interior, podendo brincar ou ocupar-se com alguma coisa sem se cansar?

Pense, então, como você podia experimentar a marca própria de sua vida. Ora, você pode imprimir essa marca ou maneira particular de ser em tudo o que você faz: em suas relações com sua família e com seus amigos, em seu trabalho, em seus esforços a favor dos demais, em sua espiritualidade.

Recorde, então, aquelas outras situações em que você se sentiu ferido, abandonado, não levado a sério, feito objeto de riso ou punido injustamente. Quão robusto você se tornou em razão dessas feridas recebidas na infância? Como você pode transformar feridas em pérolas? Que capacidades se desenvolveram em você em função dessas experiências de sofrimentos? Que pessoas você pode compreender muito bem, em razão de sua própria história de vida? Que pessoas se dirigem a você escolhendo-lhe como conselheiro? O que há em você que faz com que pessoas feridas o vejam como digno de confiança?

6

E devo crer nisso?

Sobre Igreja, Deus e tudo o mais

Num difícil *tour* pela montanha um ateu caiu pela borda de um precipício, mas teve a sorte de poder se agarrar, durante a queda, numa pequena árvore seca. Ali ficou ele dependurado entre o céu e a terra, ao mesmo tempo em que se dava conta de que não poderia se manter por muito tempo naquela situação.

Teve então uma ideia. "Ei! Deus!", gritou ele. A resposta foi o silêncio. "Ei! Deus!", gritou ele de novo, "se você de fato existe apareça agora e me salve! Se você fizer iso, então vou crer em você e falar a seu respeito para os demais, para que também venham a ter fé em você!"

De novo reinou o silêncio, até que uma voz trovejou sobre todo o vale: "Isso é o que todos vocês dizem quando se encontram numa situação estúpida como você agora!" O ateu levou um tal susto que quase largou o galho em que se sustentava.

"Não, não, eu não sou como os demais", apressou-se em responder, "eu ouvi a sua voz e já comecei a crer em você, Deus! Você agora só tem que me salvar para que eu comece a anunciar o seu louvor para o mundo todo!"

"Tá bom!", respondeu a voz, "eu vou lhe salvar. Largue-se então do galho".

"Largar-me do galho?", gritou o ateu. "Você pensa que eu sou maluco?"

Muitas perguntas...

Eu sempre pergunto: "O que esperam vocês da fé?" E então me surpreendo porque encaram a fé de forma positiva e nela esperam encontrar apoio. Sentem que, em meio a multiplicidade de opiniões, necessitam de algo em que confiar. Procuram algo que lhes ofereça confiança na vida.

Também esperam que, por meio da fé, possam encontrar um sentido para a existência.

Um outro tema que os jovens, com frequência, me confidenciam é o do medo da morte. Medo da própria morte como também da morte de amigos, jovens como eles, e da morte de seus avós. Perguntam-se pelo sentido da vida, já que todos nós teremos de morrer. Esperam que a fé os livre do medo de morrer e lhes permita sentir que, tanto na vida como na morte, estão nas boas mãos de Deus.

Uma outra experiência lhes é muito importante: a fé os conduz à vivência comunitária. Embora raramente a vivenciem em suas paróquias, essas experiências acontecem por ocasião de encontros como os da Juventude Mundial, do "Dia da Igreja Católica" ou outros encontros de jovens, e são para eles(as) de grande significação.

Nessas ocasiões sentem-se apoiados pelos demais na medida em que experimentam uma vivência comunitária com muitos outros jovens. O que mais os fascina é a oportunidade de estar juntos com jovens de outros países. É quando se dão conta de que todas as pessoas, em todo o mundo, estão juntas no caminho da fé. Ao se sentirem ligados, nessas ocasiões, a pessoas diferentes perdem o medo que têm, às vezes, dos demais. É quando desaparece a inimizade e surge um profundo sentimento de pertença comum. Os jovens me têm narrado que, em encontros como o do "Dia da Juventude Mundial", eles se dão conta de que a fé abre as pessoas umas para com as outras e, ao mesmo tempo, as reúne num só propósito.

Quando pergunto acerca do que esperam da Igreja, frequentemente não obtenho nenhuma resposta. Fica evidente que, para muitos, a Igreja não tem mais importância. E, quando tem alguma, é porque esperam orientação de algum padre específico ou de conselheiros(as) espirituais que possam ajudá-los em sua trajetória de vida. Necessitam abertura para seus problemas e esperam que, em situações de necessidade ou diante de questões importantes, possam encontrar conselheiros(as) que os acompanhem e os apoiem.

Vou tentar responder a todas estas questões relativas à fé. Minhas tentativas de resposta talvez possam servir de ajuda para uma conversa sobre a fé entre os familiares ou entre os amigos. Longe de mim querer “torcer” o que vocês, enquanto jovens, creem. Muito mais do que isso, o que quero é contribuir para que percebam a fé como um elemento capaz de ajudá-los a descobrir sua própria identidade; como um caminho para se tornarem interiormente livres e como uma possibilidade para alcançarem relações exitosas.

Comece por mim

Senhor,
desperta a tua Igreja
e comece por mim;

edifica a tua comunidade
e comece por mim;

permite que a paz e o conhecimento de Deus
se espalhem por toda a terra
e comece por mim;

que teu amor e verdade
venham a todas as pessoas

e comece por mim.

SEGUNDO UMA ORAÇÃO DE UM CRISTÃO CHINÊS.

O que a fé pode me oferecer?

Talvez você tenha dificuldade para entender o que a Igreja lhe tem apresentado como fé. Você duvida se tudo isso é certo mesmo. De onde a Igreja recebeu o direito de estabelecer dogmas que agora a gente tem de crer ? Talvez você esteja se perguntando sobre o que fazer com essa estranha linguagem. Trata-se de algo que passa longe de minha vida. Não é isso mesmo que você sente? Vou tentar lhe explicar a fé que você sente: trata-se de sua vida. Dá no mesmo se eu creio ou não creio; de qualquer modo, tenho um quadro muito claro acerca da vida. Eu interpreto minha vida. A questão é se a interpretação de minha vida é correta e se ela me faz bem. A fé me ajuda a interpretar e a entender minha vida de tal maneira que me faça bem e me permita encontrar meu verdadeiro caráter e, assim, viver minha vida em liberdade e em paz.

Talvez você seja atacado pelos seus amigos porque crê. Eles lhe dizem: Eu creio apenas naquilo que vejo. Deus eu não vejo. Assim, o que a Igreja diz soa bastante estranho. Isso não tem nada a ver com a minha realidade. E talvez você, com frequência, não saiba como fundamentar aquilo em que crê. Você não encontra as palavras corretas para responder às dúvidas, perguntas e acusações de seus amigos. Mas você não precisa de muita coisa para fundamentar a sua fé. Pergunte a seus amigos: Como vocês sabem que não existe um Deus? Como vocês sabem que a fé não tem sentido algum? Quem nega a Deus, na verdade confessa que a palavra Deus existe e que esta palavra não o deixa em paz. Então se poderia dizer: se Deus não existisse não haveria também nenhum ateu. Pois o ateu é aquele que gravita permanentemente ao redor da pergunta sobre Deus. Assim, se Deus não existisse, ele não estaria perguntando a seu respeito.

Interpretar a vida

Você poderia fazer, também, uma outra pergunta aos seus amigos cheios de dúvidas: Com que direito você interpreta assim a sua vida, como você está fazendo agora? Você afirma: eu só creio no que vejo. Mas, presta atenção, quando você se levanta pela manhã já está de posse de uma certa interpretação acerca do dia que vai viver. Você acha a escola sem sentido. Considera o trabalho penoso e aborrecido. Ora, estas são interpretações que, independentes da escola e do trabalho, já estão em sua cabeça. Não existe vida sem interpretação. Mesmo quando você não crê em Deus, tem uma interpretação para a sua vida. Para mim, a fé é a minha interpretação da realidade. E eu sinto que esta interpretação corresponde à minha alma e lhe faz bem. Eu confio na sabedoria de minha alma. No fundo de minha interioridade eu sei que tudo tem um sentido. Deus é a própria realidade, que é muito maior do que eu. Ele me carrega. Não estou sozinho neste mundo com minhas perguntas. Posso dirigir minhas questões não apenas às pessoas, mas também a Deus, que é o fundamento de todos os seres. Mesmo quando Deus não me dirige nenhuma resposta que meus ouvidos possam ouvir, cresce em mim a intuição de que o próprio Deus é a resposta às minhas perguntas.

A fé oferece uma interpretação do mundo e de minha vida de forma muito particular. O próprio Jesus interpretou nossa vida nas parábolas. Nelas está sempre presente um ponto determinado que nos incomoda e nos provoca. Ali, onde a palavra de Jesus nos provoca dissabor, Ele nos está dizendo: Você olha sua vida de maneira invertida. Você não se vê de forma correta e tem uma imagem falsa de Deus. Quando temos uma imagem falsa de nós mesmos, da vida e de Deus, não podemos viver bem. Falsas interpretações levam à falta de sentido, ao vazio e, com frequência, ao medo e à depressão que, na verdade, é a manifestação da falta de sentido e do vazio.

Interpretar a fé

Assim como Jesus nos oferece uma interpretação da vida que a torna digna de ser vivida, o mesmo pode ser considerado com relação aos dogmas da Igreja. Estes não foram estabelecidos de forma simples e arbitrária. A Igreja deseja que aquilo que a Bíblia nos narra se torne objeto de atenção das pessoas. Os dogmas se originaram dos diálogos da Igreja com a Filosofia e a Psicologia de cada período de tempo. Os dogmas não pretendem simplesmente estabelecer algo e lhe dizer: "Você deve crer nisto, assim manda a Igreja". Seu objetivo é lhe desafiar a pensar: Como posso compreender isto? Como esta afirmação pode me ajudar a viver minha vida de forma consciente?

Ao mesmo tempo, frente a essas afirmações dogmáticas, você pode, também, perguntar: Que experiências estão por trás de tudo isso? Como as pessoas chegaram a formular essas palavras e frases? Como elas veem o segredo dos homens? Como percebem a Deus? Como compreendem o sentido da vida? A Igreja dos primeiros tempos lutou apaixonadamente para encontrar a formulação correta do segredo de Jesus Cristo e do segredo da salvação. De onde vem essa paixão? É evidente que os homens de antigamente entenderam claramente que o êxito de nossas vidas depende de uma correta interpretação. Assim, nas formulações dogmáticas o que está em jogo é a vida das pessoas e nossa relação com Deus. Quando as interpretamos corretamente podemos, então, viver nos limites de nosso ser.

Onde encontro Deus?

Para onde olho?
Para onde se dirige minha vista?
O que atrai meus olhos?
Tudo, o que é belo e exitoso.
Tudo, o que traz vantagens
e bens.

Mas onde devo procurar meu Deus?
Já o descobri alguma vez na face
de um sofredor?
Já o encontrei na face
de uma criança desamparada?
Já o vi na face
de um enfermo em seu leito?

"Êxito não é um nome para Deus",
disse certa vez o filósofo Martin Buber.
Na maioria das vezes não encontro Deus
por onde meus olhos passeiam.
É nos pequenos que o descubro.
Nos fracos, onde o encontro.
Na impotência e na pobreza
que posso vê-lo.

Talvez deva mudar a direção de meu olhar.
Talvez deva aprender a ver de novo.
Talvez deva espreitar em outros lugares.
Nas faces dos homens.

JONATHAN DÜRING

Exercício

Minhas ideias para livrá-lo de suas dúvidas a respeito da fé talvez não lhe ajudem muito. Mas deixe as dúvidas de lado. Você não pode se obrigar a crer. Pode ser, no entanto, que os exercícios que agora lhe proponho lhe ajudem: Procure sentar-se num belo e tranquilo lugar em plena natureza. Olhe ao seu redor e interrogue-se: O que vejo, de fato, quando olho para esta maravilhosa paisagem? É somente a paisagem que posso descrever? Ou reluz nela algo de uma beleza que, ao fim, reflete a beleza de Deus? Observe uma bela flor e aprofunde-se em sua contemplação. O que você vê? Trata-se apenas de uma flor que a Biologia pode descrever com seus conceitos? Ou você pode ver ali algo que ultrapassa a mera flor?

Talvez a música possa ser para você uma boa entrada. Ouça então a sua música preferida. Feche os olhos e deixe a música invadir todo o seu corpo. Ouça-a não apenas com os ouvidos, mas com tudo o que você é. O que, então, você ouve? Apenas belos tons que acalmam seus nervos? Ou você ouve nessa música, ao mesmo tempo, também aquilo que seria imperceptível? A música não lhe abre uma janela para o céu?

7

Quem foi mesmo esse Jesus?

Sobre uma pessoa muito especial e o que isso tem a ver com a sua vida

Certa vez um estudante cristão lia a história de Jesus na Bíblia para um sábio hinduísta. Quando ele ouviu que em Nazaré as pessoas rejeitaram e zombaram de Jesus, disse: "Um profeta que não é perseguido em sua terra não é verdadeiramente um profeta".

O estudante continuou a leitura. Quando o sábio se inteirou de que foram os sacerdotes que condenaram Jesus à morte, afirmou com um suspiro: "É muito difícil para o demônio levar o mundo todo ao erro e à confusão, por isso ele dividiu essa tarefa com proeminentes líderes religiosos em todo o mundo".

Quem era Jesus?

Hoje, muitos jovens acreditam que existe um ser superior que vela sobre o mundo. Mas lhes é difícil aceitar que Deus, de forma muito concreta, se fez homem em Jesus Cristo. Mostram-se fascinados pela maneira como Jesus viveu e como morreu. Mas têm dificuldades em aceitar o fato de que, nele, o próprio Deus se revelou e se relacionou conosco. É legítimo que nós o vejamos, em primeiro lugar, como um homem historicamente enraizado no judaísmo antigo. Nasceu como uma criança, foi educado por seus pais, aprendeu uma profissão e, em algum momento, sentiu-se chamado para outra coisa. Ele falava sobre Deus e as pessoas ficavam fascinadas porque falava de forma totalmente diferente dos piedosos pregadores daquele tempo. As pessoas diziam: "Ele prega com autoridade, com poder". E sentiam que, quando Ele falava sobre Deus, aquilo fazia sentido e podiam perceber que o próprio Deus se tornava apreensível em suas palavras. Ou seja, quando Jesus falava de Deus, Deus mesmo se fazia presente e atuante, tão atuante que muitos, que tinham dele uma outra concepção, reclamavam. Davam-se conta de que daí por diante não mais poderiam pensar em Deus como tinham feito até então. Não mais poderiam considerar a Deus como sua propriedade. O Evangelho de Marcos apresenta essa imagem de Deus como demoníaca. Ao falar de forma correta sobre Deus, Jesus tira os demônios da cabeça das pessoas que queriam Deus só para si.

Jesus, o terapeuta

Este Jesus curou pessoas doentes. Atualmente muitos terapeutas ficam fascinados com a sabedoria com que Jesus se dirigia aos doentes. Ele reconhecia, de imediato, de que problema se tratava, colocando logo o dedo na ferida. Ele não lhes livrava da enfermidade num passe de mágica, mas procurava encontrar-se com elas em sua enfermidade. No encontro com Jesus as pessoas eram salvas e curadas. Elas reconheciam o que realmente estava por trás de sua enfermidade corporal. Confiavam em Jesus, confiavam-lhe a sua verdade e se deixavam tocar por Ele. Era isso que as curava. Jesus foi sempre muito afetuoso com as pessoas. Com frequência Ele as chamava à parte, afastando-as da multidão, para conversar e criar laços de confiança. Mas, em outros momentos, Ele as tratava de forma completamente diferente. Principalmente quando as pessoas procuravam se esconder atrás de suas enfermidades e se tinham a elas conformado. Nesses casos Ele lhes ordenava que se levantassem, tomassem sua cama e procurassem seus caminhos. Jesus procurava fazer com que o próprio poder das pessoas se manifestasse. Também as livrava da ilusão de que suas doenças ou seus problemas aconteciam por culpa de outros.

Jesus também restabeleceu as boas relações entre pai e filho, pai e filha, entre mãe e filha e mãe e filho. Pode-se dizer que Ele foi o primeiro terapeuta familiar. Em sua ação não produzia nenhum sentimento de culpa nas pessoas. Ao perceber os desencontros e confusões entre os pais e seus filhos, procurava desfazê-los. Primeiro procurava transformar os pais e depois os filhos. É muito interessante observar como Jesus reabilitava as relações entre pais e filhos, porque Ele encorajava tanto os filhos como os pais a viverem suas próprias vidas, de modo que todos pudessem se sentir bem.

As ações de Jesus provocaram muitas resistências, principalmente por parte dos saduceus, os sacerdotes judeus que viviam dos impostos do templo e dos holocaustos ofertados e que mantinham boas relações com as forças de ocupação dos romanos. Naquela época, havia em Israel quatro diferentes grupos. Os ricos saduceus, amigos dos romanos e que controlavam o culto no templo; os piedosos fariseus que pregavam nas sinagogas e procuravam aplicar os mandamentos da lei mosaica no dia a dia. Muitos deles se tornaram amigos de Jesus. Mas Jesus pensava diferente deles, pois eram muito rigorosos na observação da lei e acreditavam que, por isso, podiam contar com a graça de Deus. Jesus tinha outra opinião.

O terceiro grupo era formado pelos chamados essênios, homens piedosos, organizados em pequenos grupos. Não mantinham nenhuma relação com o templo e nem com o judaísmo oficial. Ocupavam-se de forma intensiva com a Bíblia e eram muito amigos entre si. Eram muito rigorosos contra seus companheiros que deixavam de observar suas regras. E não tinham misericórdia alguma para com os que não eram membros de sua comunidade fechada. Muitos dos primeiros cristãos vieram dos círculos essênios. Jesus acolheu muitos deles. Mas condenou o radicalismo impiedoso deles. Por isso exigiu de seus discípulos mais compreensão e misericórdia entre eles. O quarto grupo era formado pelos zelotes, que lutavam contra os romanos fazendo uso da violência, pois não aceitavam ser dominados por eles. Pelo menos dois discípulos eram originários do círculo dos zelotes. Jesus condenou a luta armada que defendiam pregando em seu lugar a reconciliação.

Consciente na morte e de volta à vida

Em algum momento Jesus se deu conta de que morreria de forma violenta se continuasse a pregar como vinha fazendo. Os saduceus o entregariam aos romanos, para quem suas atividades não eram segredo. Jesus poderia ter-se retirado para algum lugar onde ficasse em segurança. No entanto, permaneceu fiel a seus discípulos e a sua mensagem. Com sua morte confirmou sua mensagem de não violência e reconciliação. Ao mesmo tempo, mostrou que manteve seu amor a seus discípulos. Ele mesmo entendeu sua morte na cruz como o clímax de seu amor: "Ninguém tem maior amor do que aquele que dá a própria vida pelos seus amigos" (Jo 15,13). Afinal, foi o amor a seus amigos que o levou à cruz.

Sucesso – Fracasso

Pessoas alegres e superfelizes,
de um lado.
Pessoas tristes, frustradas e chorosas,
de outro.
Ganhadores e perdedores, vencedores e vencidos,
pessoas que encontraram emprego,
outras que acabaram de perder seu trabalho,
casais casando-se e pessoas que demonstram
em suas faces a dor da separação.
Um aluno radiante com seu excelente diploma,
outro, porém, terrivelmente frustrado
com péssimas notas.
Elogios e prêmios aqui
e "objetivos da classe não alcançados" ali.
Alegria e sofrimento, sucesso e fracasso
estreitamente juntos.

Jesus, bom Deus,
Tu mesmo experimentaste alegria e humilhação,
conheceste êxito e fracasso.
Hosana e "para a cruz com Ele".
Dá-nos a capacidade e a sensibilidade,
para alegrar-nos com o êxito,
sem nos colocarmos num pedestal.

Presenteia-nos com um espaçoso coração
para que deixemos que outros
participem de nosso sucesso.
Levanta-nos quando o fracasso
nos fizer sentir acabados.
Dá-nos sempre, após derrotas e frustrações,
a coragem para começar de novo.

HUBERT HERIN

Mas, como nos dizem os evangelhos, Ele não permaneceu na morte. Ressuscitou. Os discípulos o viram depois de sua morte. Encontraram-se com Ele. Ele lhes falou. Perceberam, portanto, que sua morte não foi nenhum fracasso, que Jesus foi confirmado por Deus, superou a morte e agora se encontra em Deus agindo em favor dos humanos.

Como podemos compreender o mistério da ressurreição continua ainda um segredo. A ressurreição de Jesus nos mostra que Ele não permaneceu na morte, mas passou a estar com Deus. Por outro lado, a sua ressurreição é a garantia de nossa ressurreição. Pois também nós não permaneceremos no vazio provocado pela morte. Seremos acolhidos por Deus. Ressuscitaremos com Cristo e, como pessoas, permaneceremos sempre com Ele. Jamais seremos separados do amor de Deus, assim como Jesus jamais se apartou do amor do Pai. Ressurreição significa, também, alguma coisa mais: quer dizer que, neste mundo, sempre nos levantaremos quando cairmos, quando tudo parecer sem esperança, quando fracassarmos. Poderemos ressuscitar da tumba de nossos medos e resignações, da tumba de nossa cegueira e desespero. Não há nenhuma tumba na qual a vida do ressuscitado

Jesus não possa resplandecer para nos tomar pela mão e nos levantar. Ressurreição significa, portanto, levantar-se sempre contra tudo aquilo que, em nosso mundo, impede o florescimento da vida. Implica, pois, a ousadia de uma insurreição contra as estruturas de nossa sociedade que impedem a realização da justiça para as pessoas.

O que significa Filho de Deus?

Num certo nível, o nível histórico, os jovens parecem não ter dificuldades. Mas, em outro nível, a coisa se complica: nossa fé afirma que Jesus Cristo era filho de Deus. Como podemos compreender isto? Primeiramente, seria bom que as pessoas vissem que Jesus tinha uma relação muito intensa com Deus, na qual Deus cumpria fielmente sua parte. Entretanto, já na Bíblia encontramos uma outra interpretação. Em Jesus Cristo é Deus mesmo quem vem ao nosso encontro para nos visitar, como está escrito no Evangelho de Lucas. Por sua vez, João em seu evangelho expressa a mesma coisa ao afirmar: "Por que Deus amou o mundo de tal maneira que deu o seu filho unigênito para que todo aquele que nele crer não pereça, mas tenha a vida eterna" (Jo 3,16). Em Jesus,

Deus nos deu seu próprio filho, o que Ele mais amava. Ele manifestou-se nele em forma humana, entre nós. Revelou-se, pois, em forma visível para nós.

A compreensão da humanização de Deus em Jesus Cristo permanece um segredo para a nossa compreensão. Todas as tentativas teológicas não conseguiram trazer mais clareza para este segredo. Como podemos compreender isso permanece uma questão para cada um pessoalmente. Também neste ponto a Igreja não nos ensina nada que seja absurdo. Na verdade, por meio do dogma, ela quer apenas deixar em aberto este segredo de que a natureza humana e divina estavam juntas em Jesus. Trata-se de um segredo insondável. E nos faz bem mantê-lo. Assim, Jesus se torna uma permanente exigência para nós. Nele, Deus se nos torna visível. Surge em meio à nossa história. Em seu rosto podemos reconhecer o segredo de Deus. Jesus mesmo disse a seu respeito: "Quem vê a mim, vê ao Pai" (Jo 14,9). Frente a Jesus temos de decidir quem é Deus para nós.

A cruz

A cruz é a esperança para os cristãos.
A cruz é a ressurreição dos mortos.
A cruz é o caminho para os desviados.
A cruz é a salvação para os perdidos.
A cruz é a bengala para os coxos.
A cruz é a condutora dos cegos.
A cruz é a força dos fracos.
A cruz é o remédio para os doentes.
A cruz é a meta do sacerdote.
A cruz é a esperança dos desesperançados.
A cruz é a liberdade para os escravos.
A cruz é a água para a semente.
A cruz é o consolo para os servos.
A cruz é a fonte para os buscam as águas.
A cruz é o manto para os desnudos.
Damos-te graças, Pai, pela cruz.

Canção africana do século X

A mensagem de Jesus

Por um lado, Jesus foi um mestre da sabedoria. Ensinou-nos um caminho para o bem-estar na vida. Enviou seus discípulos pelo mundo afora para proclamarem essa boa notícia. Mas isso não quer dizer que, para Ele, todas as demais religiões estariam erradas. Na verdade, o que Jesus queria era juntar a sabedoria de todos os povos e religiões. Para fazer isso Ele assumiu as experiências dos demais. Isso também é o que significa a palavra "católico(a)", comumente traduzida como "o que tudo abarca". Tudo o que os humanos alguma vez pensaram e sonharam está incluído na fé em Deus.

Há um outro aspecto, no entanto, que para muitos é de difícil compreensão: Jesus Cristo é, também, nosso salvador. A questão é como devemos entender essa salvação. Existem, infelizmente, muitas concepções populares a respeito que contradizem o que Bíblia nos ensina. Jesus não é nosso salvador porque Ele teve de pagar por nossas culpas ante Deus. Este seria um Deus cruel se necessitasse da morte de seu filho para nos perdoar. Muitos, inclusive, pensam que Deus castiga quem peca. E, agora, passou esse castigo para Jesus para que ficássemos livres dessa punição. Esta compreensão, no entanto, não corresponde à imagem do Deus que Jesus anunciou. A salvação, segundo a Bíblia nos ensina, significa bem outra coisa.

A salvação, pela mediação de Jesus, é retratada na Bíblia de diferentes maneiras. Jesus é aquele que amou até o fim. A cruz, para o Evangelista João, significa que todas as nossas contradições foram eliminadas pelo amor de Jesus e que todos os abismos de nossas almas foram iluminados e curados pela luz de seu amor. Salvação significa que as pessoas que por si mesmas não conseguem se aceitar tornam-se capazes de dizer sim a si mesmas ainda em meio a suas contradições. A Bíblia nos diz que Jesus morreu por nós, ou que Ele morreu por nós, pecadores. Muitas pessoas se consideram sem nenhum valor. Quando se sentem culpadas têm a impressão de que ninguém as ama. O fato de Jesus ter morrido por mim quer dizer que sou valioso; tão valioso que Ele, por minha causa, pôs sua vida em jogo. A partir dessa entrega posso agora construir a minha vida. Trata-se de um fundamento seguro que me oferece consistência contra todas as experiências de rejeição e fracasso que sempre me deixam inseguro.

Jesus teve que me salvar também?

Normalmente relacionamos a salvação com a ideia de que fomos redimidos de nossas culpas. Como devemos entender isso? Que nos tornamos pecadores é uma experiência que recorrentemente fazemos. Não conseguimos viver como imaginamos. Não realizamos nossos próprios ideais. Vivemos à margem de nós mesmos. Ou então nos transformamos numa outra pessoa cheia de culpas. É quando nos sentimos excluídos. Temos a impressão de que ninguém nos quer acolher e nos isolamos interiormente. O olhar para Jesus, que na cruz perdoou seus assassinos, fortalece a minha confiança de que não há nada em mim que não tenha sido acolhido por Cristo. Teologicamente poderíamos dizer: a cruz é a mediação do amor redentor de Deus para nós. Na cruz esse amor se torna ainda mais evidente. Num mundo de ódio, covardia e violência assassina o amor vence o ódio e os pecados dos humanos.

Mas a cruz não produz o perdão. Deus perdoa porque Ele é Deus e não porque o seu filho morreu na cruz. Deus não precisaria da morte de seu filho para poder perdoar. Mas é na cruz que o amor redentor de Deus nos é mostrado de forma plena, onde o amor perdoador de Jesus aparece como mais forte que o ódio de seus assassinos. Assim, a cruz se torna para nós a possibilidade de podermos crer no amor redentor de Deus e de nos sentirmos acolhidos apesar de nossas culpas.

Jesus não foi nenhum bruxo

Não devemos entender a salvação que Jesus nos oferece de forma equivocada como se fosse algo mágico. As pessoas que Jesus encontrou em seus dias puderam experimentar o resultado de sua ação salvadora e libertadora. Jesus as salvou quando se encontravam enfermas. Libertou-as quando estavam dominadas por demônios, por pulsões interiores. Ele as levantou quando se encontravam abatidas. Estes mesmos resultados redentores, salvadores e curadores podemos experimentar hoje, quando nos encontramos com Jesus nas orações, na meditação da Bíblia ou na Eucaristia. Mas a salvação só se torna uma realidade em nós quando permitimos ser tomados pelo espírito de Jesus. É quando nos damos conta de que o seu espírito é um espírito salvador, redentor e libertador. Salvação significa que não podemos fazer tudo por nós mesmos. Jesus não nos mostra, simplesmente, um meio pelo qual podemos nos livrar de nossas culpas e de nossas enfermidades. A salvação acontece, prioritariamente, no encontro. A partir da Psicoterapia podemos compreender isso muito bem. O terapeuta não nos oferece truques por meio dos quais podemos nos curar. A cura acontece é no encontro com ele, quando lhe abrimos nossas feridas. Pois assim também acontece a salvação, no encontro com Jesus, quando lhe apresentamos nossa verdade, nossa escuridão, nossa enfermidade, nossas pulsões, nossas culpas.

Exercício

Para não apenas compreender, mas experimentar o segredo de Jesus e de seu amor redentor, recomendo-lhe o seguinte exercício: quando você sente que não experimenta a Deus, que não o sente, tome a sua Bíblia e leia nos evangelhos como Jesus falou sobre Deus e como curou os doentes. Nessas histórias você se encontra com o homem Jesus. Então imagina: nesse homem o próprio Deus se encontra comigo. Talvez, então, ocorra-lhe algo do segredo de que Jesus é filho de Deus, de que nele Deus resplandece para nós, na medida em que Deus é uma pessoa que quer nos falar e nos encontrar na pessoa desse Jesus de Nazaré. Apesar da falta de clareza acerca de Deus, à vista de Jesus você sentirá a sua proximidade de uma outra maneira.

Conheço muitos jovens que oscilam daqui para ali entre uma visão de um Deus severo e punidor e um Deus amoroso que, quase sempre, aparece como sendo inofensivo. Para clarear sua visão de Deus leia as provocadoras e, às vezes, paradoxais palavras de Jesus. Mas de nada valerá você se refestelar na cadeira de balanço e imaginar que essas palavras são palavras muito agradáveis. Jesus provoca. Você só pode encontrá-lo se você se deixar transformar por Ele. No passado ninguém pôde passar incólume por Ele. Ainda hoje Ele continua sendo um desafio para todas as pessoas que com Ele se ocupam. Ninguém pode tomá-lo para si. Quando acolhe suas palavras, você escapa do perigo de considerar a Deus como um inofensivo Deus de amor ou de vê-lo como um Deus punidor. Você sentirá que Deus lhe desafia. Mas também que Ele, em Jesus, quer levar-lhe à vida. Na verdade, deseja que você abra os olhos e compreenda o segredo de seu amor que é, ao mesmo tempo, protetor e exigente, fascinante e assustador.

Quando você estiver sofrendo em virtude de ferimentos ou doenças medite acerca das histórias de cura dos evangelhos. Imagine então você apresentando a Jesus seus ferimentos, seus impedimentos, sua cegueira interior, seus silêncios, seus sentimentos de rejeição e de exclusão, seus sentimentos de inferioridade e de autonegação. Ele olhará para você com amor. Colocará sua carinhosa mão sobre suas feridas e deixará seu poder curador fluir sobre você. Talvez você possa agora perceber que, nesse momento, salvação e cura para você e em você possa estar acontecendo. Você não tem que se curar a si mesmo. Permitirá que o poder curador de Jesus flua em você. Ele lhe levantará e curará suas feridas.

8

O que eu sempre lhe quis perguntar, Deus...

Havia certa vez um garoto que queria, de todas as maneiras, encontrar-se com Deus. E sabia que o caminho para o lugar onde Deus se encontrava era bem longo. Mesmo assim, arrumou sua mochila, onde ajeitou algumas latinhas de refrigerantes e várias barras de chocolate, e se mandou pela estrada.

Andou por um longo tempo até que chegou a um pequeno parque onde se deparou com uma velha senhora sentada num banco. Ela estava olhando para as pombas que, a seus pés, bicavam o chão à procura de alimento. O garoto sentou-se ao seu lado no banco e foi logo abrindo a sua mochila. Ele queria pegar um refrigerante do meio de toda aquela tralha quando percebeu o olhar faminto da velha senhora. Sem pensar duas vezes, pegou uma barra de chocolate e lhe ofereceu. Agradecida, ela aceitou e lhe sorriu. E foi um sorriso lindíssimo! O garoto quis, então, ver de novo esse sorriso e lhe ofereceu uma latinha de refrigerante. A velha senhora a tomou e sorriu outra vez, de forma ainda mais radiante que antes. O garoto ficou feliz.

Ambos passaram toda a tarde sentados naquele banco, comendo chocolate e bebendo refrigerante. Mas sem dizerem uma palavra!

Quando começou a escurecer o garoto se deu conta de que estava muito cansado e decidiu, então, voltar para casa. Levantou-se e começou a andar, mas, depois de alguns passos, deu meia-volta. Dirigiu-se à velha senhora e a abraçou. Esta lhe correspondeu com um sorriso ainda mais radiante.

De longe sua mãe viu que ele voltava. Seu rosto todo brilhava. Ela lhe perguntou: "O que você fez de tão belo hoje para estar tão contente assim?" O garoto respondeu: "Eu passei a tarde comendo com Deus – e ela tinha um belíssimo sorriso!"

Não seria a religião uma forma de fraqueza, uma tentativa desesperada de se criar um objetivo ilusório e uma "forma majestosa de ser" para não se ter que olhar para o nada e para a falta de sentido da vida?

Sua pergunta acerta em cheio o coração de toda religião. Toda expressão de fé tem que se colocar esta questão. Eu também, às vezes, me faço essa mesma pergunta. É quando reflito: Sim, você tem razão. Toda prece não passa de um sossego para os nervos. Todas as religiões existem para que possamos viver bem neste mundo, sem nos desesperarmos. A fé objetiva apenas desviar-se da falta de sentido da existência. Quando penso nesta alternativa, até as suas últimas consequências, aumenta em mim o sentimento do absurdo absoluto. Isso quer dizer, então, que nada podemos conhecer.

O que a Física nos oferece é apenas um modelo de compreensão da realidade, da mesma forma que a fé também é um modelo de compreensão. A questão básica é a seguinte: Desejo confiar nesses modelos ou assumo que, na verdade, nós nada conhecemos? Mas surge, então, a outra pergunta acerca de como podemos viver com esse desconhecimento. Devemos nos desesperar? Ou, como Sigmund Freud, devo afirmar que nada mais existe. Acontece que a visão de vida de Sigmund Freud não chega a me convencer. Trata-se de uma visão muito pessimista. Prefiro optar pela variante otimista da fé.

Quando abandono a alternativa do absurdo e penso no fim, aflora em mim, do fundo de meu coração e de minhas vísceras, o forte sentimento de que creio na Bíblia. Confio em Santo Agostinho e em sua teologia. Creio que os discípulos de Jesus não foram atrás de uma Fada Morgana, mas que vivenciaram uma experiência de fé que também posso ter. Confio em Santa Teresa de Ávila e em sua experiência de Deus. Ela não apostou numa carta falsa. Não foi atrás de uma ilusão. Buscou a Deus e sempre o vivenciou. Foi desta forma que se sentiu feliz. Quando leio seus livros sinto-me interpelado. Ali posso sentir o coração de uma pessoa. Todas estas experiências me encorajam a jogar a cartada da fé.

Este salto na fé nada tem contra o intelecto, mas o eleva ainda mais. Pois ele se deixa fundamentar pela inteligência.

O terapeuta suíço C.G. Jung entende que quem nega a Deus pela via da razão pode até mesmo aduzir valiosos argumentos. Entretanto, a sabedoria da alma sabe da existência de Deus. Assim, quem vive em oposição à sabedoria de sua alma vive, interiormente, sem descanso, neurótico e entorpecido. Precisa esconder seu entorpecimento por meio de um exagerado ativismo. Em sua totalidade – afirma Jung – esta pessoa dá a impressão de estar morta. Sua trepidante rotina exterior apenas oculta a sua condição de morte interior. C.G. Jung afirma, ainda, que no sonho não existem ateus, pois nele a alma projeta símbolos referidos a este mundo que, no limite, remetem a Deus. Eu posso, naturalmente, ainda afirmar que tudo isso não passa de um truque da natureza para que os humanos possam se manter neste mundo. Mas posso também confiar que tudo isso tenha um sentido. Logo, a fé se encontra mais próxima do que a incredulidade.

A fé não deve nos levar a cruzar os braços. Devemos confiar inteiramente em nossas próprias forças. Sei de muitas pessoas que se entregam completamente. É que elas confiaram em suas próprias forças. Mas apenas esta atitude não é suficiente para ir de encontro às exigências da vida.

Para mim a experiência do Espírito Santo é que me permite crer. A fé me conduz à serenidade e, com isso, trabalhar de forma mais efetiva, enquanto que as pessoas que confiam apenas em suas forças em algum momento se sentirão esgotadas, pois suas forças são limitadas.

Obviamente respeito as pessoas que confiam em suas próprias forças. Mas minha experiência me demonstra que nossas forças são sempre insuficientes. Os santos se originam de outras fontes e, com frequência, têm maior incidência no mundo do que muitos poderosos. Assim, dou-me conta de que posso viver mais serenamente quando não confio apenas em minhas forças, mas, também, no poder do Espírito Santo que jorra em mim como uma fonte, tornando-me mais criativo.

Por que Jesus morreu espontaneamente na cruz? Ele ressuscitou mesmo ou isso foi um produto da imaginação de seus discípulos e discípulas?

Jesus foi assassinado pelos romanos. Foi violentamente derrotado na cruz. Mas Ele não buscou a morte. Porém, quando se deu conta de que estava se encaminhando para uma morte violenta, não abandonou seu caminho para colocar-se em segurança. Em vez disso assumiu, espontaneamente, o destino de uma morte na cruz.

O Evangelista João interpreta esta decisão como uma expressão do amor. Como uma manifestação de amizade. "Ninguém tem maior amor do que aquele que dá a própria vida pelos amigos" (Jo 15,13). Não sabemos por que Deus nos ama assim. O amor é um motivo suficiente, o amor não tem porquê, já dizia o poeta Ângelo Silésio. Para nós esse amor é o fundamento de nossa vida. O fato de Jesus ter-se dado por mim, que eu seja tão valioso para Ele, que Ele tenha posto sua vida em jogo por minha causa é que promove minha dignidade. Este amor é a base sobre a qual posso construir minha vida. Mas Ele disse algo diferente em relação a sua morte: "Por isso o Pai me ama, porque eu dou a minha vida para retomá-la. Ninguém a tira de mim, mas eu a dou espontaneamente" (Jo 10,17ss.).

Isto soa como um paradoxo. Sabemos que Jesus não procurou a morte. Mas nesta sua afirmação está, para mim, a chave para entendermos esta derrota que nos é imposta de fora – algo como uma enfermidade ou um infortúnio. A arte da vida consiste em transformar num ato de doação tudo aquilo que se me opõe e contraria meus planos.

Nos últimos anos de sua enfermidade, minha mãe jamais se lamentou. Ela dizia sempre: "Sacrifico-me pelos meus filhos e netos". Esta atitude deu sentido ao seu sofrimento e permitiu que seus filhos a visitassem com alegria. Da parte dela não havia qualquer tipo de reclamação, como se pode observar em muitos outros enfermos: "Vocês é que estão bem, mas para mim tudo vai mal". Quando a doença ou o sofrimento são transformados num gesto de entrega, de abnegação, as pessoas passam a se sentir amadas e acolhidas.

Nesta frase de Jesus podemos perceber que Ele também se refere à ressurreição: "Dou minha vida para retomá-la". Jesus não fica na morte. Ele retoma sua vida que o Pai lhe oferece. A questão que se nos coloca é sobre como devemos entender a ressurreição de Jesus. Paulo fala sempre que Deus o ressuscitou. João diz algo diferente: Jesus levantou-se da morte.

Você pergunta se Jesus realmente ressuscitou. Uma primeira constatação é que não se pode provar a ressurreição, mas a fé dos discípulos na ressurreição é um fato. Porém você pode perguntar, com razão, se isso não foi produto da imaginação deles. Por outro lado, temos razões para crer que eles se encontraram com o Jesus ressuscitado. Essa experiência, que hoje não mais podemos descrever de forma exata, transformou completamente suas vidas. Eles ficaram, então, convencidos: este Jesus que morreu por nós, ressuscitou. Esta frase resume toda a sua confissão de fé.

Essa fé na ressurreição nós também podemos assumir. A questão é sobre o seu significado. Ela quer dizer que Jesus não permaneceu morto, mas que ressuscitou para Deus. Outrossim, significa que, pela morte, não cairemos no vazio, mas que ressuscitaremos no amor de Deus. Ressurreição, então, significa que o amor é mais forte do que a morte. É isso que o Evangelista João nos ensina em sua história da ressurreição e nas palavras de Jesus.

O filósofo francês Gabriel Marcel expressou isso da seguinte forma: "Amar significa dizer ao outro: você não morrerá". No amor já está presente uma suspeita da ressurreição. O amor permanece para além da morte. Isso vale para o amor entre duas pessoas e, também, para amor entre Deus e nós.

O teólogo Karl Rahner procurou mostrar que a ressurreição de Jesus corresponde aos anseios dos humanos. Não se trata de um fato incompreensível em que temos que acreditar, mas corresponde a uma profunda suspeita que se abriga nas profundezas de nossos corações de que nós, por ocasião de nossa morte, não seremos abandonados pelo amor, seja o amor dos humanos, seja o amor de Deus. É nesse sentido que devemos ter fé. Os discípulos não imaginaram a ressurreição de Jesus; ao contrário, eles a experimentaram. E essa experiência de encontro com o ressuscitado correspondeu aos seus anseios, fortalecendo-lhes a convicção de que o amor é mais forte do que a morte.

Como posso entrar em contato com Deus? Como posso experimentá-lo ou senti-lo? Como posso saber que Deus está comigo e que responde às minhas orações?

Uma possibilidade de se entrar em contato com Deus passa pela busca de seu toque. Quando não tenho consciência de mim mesmo, tampouco terei de Deus. Quando não me percebo, da mesma forma não perceberei a Deus. Ao contrário, quando sou sensível à minha própria realidade, também sentirei um desejo que ultrapassa a realidade deste mundo. Trata-se do desejo de amor, de felicidade, de êxito, da sensação de segurança, da busca de sentido. Este desejo jamais será alcançado por meio de algo puramente terreno. Na verdade ele é expressão do rastro que Deus deixou gravado em meu coração.

Ainda que você não possa sentir a Deus, sentirá as pegadas que Ele deixou em seu coração. O desejo por Deus já é o próprio Deus. Nesse desejo você experimenta algo do segredo de Deus que já está em você.

Digo ainda que você pode experimentar a Deus quando você tentar orar. Imagine que você se senta diante de Deus e oferece a Ele o que lhe vier no pensamento e na vontade. Quando você imagina que Deus está ali poderá, algumas vezes, senti-lo. É quando você tem uma experiência de paz interior que lhe fez sentir bem. Porém, não podemos forçar uma experiência de Deus. Pode ser que, alguma vez, você tenha a sensação de que Deus está muito longe. Você não consegue percebê-lo. Nesse caso mantenha-se, simplesmente, diante de Deus. Em algum momento você sentirá interiormente a calma. Deus não responde as suas orações com palavras que você possa ouvir. Mas quando você permanece silenciosamente diante dele, emergem em você pensamentos e sentimentos que podem estar vindo de Deus.

Sem dúvida, nem todos os pensamentos são provenientes de Deus. Os monges antigos diziam que só os pensamentos e sentimentos que nos provocam paz, liberdade, vitalidade é que provêm de Deus. Ao contrário, diziam eles, os pensamentos que nos tornam mesquinhos, que nos sobrecarregam e que nos conduzem ao medo provêm dos demônios. Vêm de uma instância de nossas almas marcada pelos critérios humanos e não por Deus. Assim, quando depois das orações você sentir paz interior e grande harmonia consigo mesmo pode ficar certo de que, nesse momento, está unido a Deus.

Creio em Deus e não preciso da Igreja para o meu desenvolvimento. Encontro apoio entre os meus semelhantes. A Igreja não tem nenhum significado para mim. Dela, enquanto instituição, nada espero. Por que deveria a Igreja ter algum sentido para mim?

É muito bom que você creia em Deus, que construa sua vida a partir dele e que encontre apoio entre seus semelhantes. Mas o fato de que você precisa não apenas de Deus, mas também de seus semelhantes para que sua vida se desenvolva, já demonstra a primeira razão pela qual a Igreja pode ser importante.

Você vivencia a Igreja nos comunicados do papado ou dos bispos ou, ainda, na pessoa concreta do padre. Aqui você vivencia a Igreja enquanto instituição e pode ter a sensação de que pode viver muito bem sem ela. Mas Igreja significa, acima de tudo, comunidade. A experiência tem mostrado que as pessoas que representam alguma coisa têm necessidade das outras que pensam do mesmo modo. Quando um político não é apoiado pelo seu partido ele não tem nenhuma chance.

Toda religião forma não apenas o indivíduo, mas também a comunidade. Constitui um público que facilita a expressão da fé. É óbvio que, atualmente, a Igreja não tem mais o poder de influenciar a formação da sociedade. Mesmo assim, faz-nos bem sentir que nossa fé é sustentada por uma comunidade. Ninguém faz festa sozinho. As festas do calendário da Igreja – como a Páscoa, o Natal – exigem uma comemoração coletiva. Você já pôde ver isso no seio da família. Quando uma família não mais festeja junta é porque alguma coisa se rompeu e, aí, você perde o apoio. Nesse sentido precisamos da Igreja.

É evidente que a Igreja, como uma comunidade humana, participa das falhas e das fraquezas que os humanos possuem. Por isso você não pode olhar a Igreja como uma instituição sempre correta. Igreja é uma comunidade a caminho. Cremos também que esta comunidade, como um todo, é inspirada pelo Espírito Santo e nem está sempre no erro, pois tem forças em si mesma para sempre se renovar. Apesar de todas as suas falhas a Igreja muito influenciou a sociedade nos últimos dois mil anos. Ela tem como função manter, na sociedade, o desejo pelo "Totalmente Outro", isto é, Deus. Quando não houver mais na sociedade nenhum grupo que anseie pelo "Totalmente Outro", esta se tornará autoritária e totalitária. Você já pode perceber isto hoje, quando a economia domina a sociedade. Tudo é visto e julgado pela perspectiva das finanças. A economia impõe uma exigência total sobre as pessoas. E isso não lhes faz bem.

Com todas as suas imperfeições a Igreja ainda é uma bênção para as pessoas porque ela está sempre diante de Deus e, também, porque ela procura manter atual no mundo a criatividade do "Totalmente Outro": Deus, o amor, a misericórdia de Deus, a dignidade do ser humano.

Mesmo quando a Igreja, momentaneamente, nada lhe ofereça para o seu desenvolvimento pessoal procure imaginar, mais uma vez, como seria nossa sociedade sem ela. Começamos pela aparência das cidades. Estas apresentam, a partir de sua arquitetura, uma outra atmosfera, na medida em que se pode encontrar uma Igreja ou, então, muitas. Aqui abre-se o céu. E porque o céu permanece aberto a terra torna-se habitável. A Igreja é fé edificada, esperança construída. Ela é sinal, no meio do mundo, de que existe algo que expande nosso coração, que nos ultrapassa e nos conduz para um espaço de liberdade, de amplidão e de amor.

Por que a Igreja e o papa defendem, em diferentes âmbitos, opiniões e posições "fora de moda"? Como um cristão moderno devo observar a velha concepção moral da Igreja,

como por exemplo, em relação ao sexo antes do casamento e a questão dos preservativos? Por que defende a Igreja a indissolubilidade do casamento?

A Igreja, muitas vezes, tem dificuldade para compreender e atender a situação do homem moderno. Porém, em tudo o que a Igreja diz, é importante tratar de conhecer as intenções que ela carrega, pois é ali que está o que ela deseja transmitir. Não é seu desejo sobrecarregar as pessoas com algo difícil de suportar. O próprio Jesus advertiu sobre isso dizendo que não se deve impor cargas sobre as pessoas que elas não possam suportar.

O objetivo de toda ética é mostrar às pessoas como suas vidas podem ser bem vividas. Os Dez Mandamentos significam, simplesmente, sabedoria. Constituem um guia para a liberdade. Objetivam resguardar a liberdade e a dignidade das pessoas. Este é também o objetivo de todas as prescrições morais.

As formulações elaboradas pela Igreja estão sempre marcadas pelo tempo em que são feitas. Por isso uma de suas tarefas permanentes é traduzir aquilo que tem valor perene nas novas condições impostas pelo passar do tempo. Mas a Igreja não pode, simplesmente, assumir os critérios dos modernos meios de comunicação. Pois, quando os analisamos, vemos que não são nada bons para as pessoas.

Sexualidade

Tomemos, por exemplo, a questão da sexualidade. É verdade que, às vezes, pode-se notar nas comunicações da Igreja um certo tom de hostilidade sexual. Todas as culturas e religiões sabem que a sexualidade é, por um lado, um grande dom de Deus, que pode fascinar e encantar as pessoas. Por outro lado, ela pode se tornar um lugar de profundas feridas. O elogio e a vivência de uma sexualidade livre, tal como são apregoados pelos meios de comunicação, levam, com frequência, à perda de sua dignidade. Quando consideramos a sexualidade dentro de um quadro maior, damo-nos conta de que não podemos esperar tudo dela e, assim, capacitamo-nos para levá-la a sério.

Você pode criticar as instruções eclesiásticas sobre o tema da sexualidade. Nelas, certamente, existem formulações e opiniões que estão condicionadas por certas situações temporais. O importante, entretanto, são as seguintes questões sobre as quais deveria refletir: O que faz bem, realmente, às pessoas? É bom para os jovens exercer a sua sexualidade assim que começarem a perceber suas primeiras pulsões? Devem eles tratar a sexualidade assim como tratam a sua pulsão de comer, responder ao desejo sexual assim que ele aparecer?

Para que um encontro sexual se realize eu necessito de um(a) companheiro(a), mas não posso dele ou dela abusar apenas para a satisfação de uma necessidade, uma vez que ele(a) precisa ser respeitado(a). Por outro lado, posso, naturalmente, vivenciar a sexualidade sozinho, numa forma de autossatisfação. A esse respeito existem, sem dúvida, antigos mandamentos eclesiásticos que, na maioria dos casos, produziram exatamente o contrário do que pretendiam. Mas a autossatisfação pode levar as pessoas a se ocuparem demasiado apenas consigo mesmas e, com isso, abandonarem a cultura da erótica, do flerte e da atração que o outro sexo provoca.

Estas questões não têm a ver, em última análise, com proibições ou com a pergunta sobre o que é pecado ou não, mas com a avaliação acerca do que, a longo prazo, é bom para as pessoas. Por isso se deve pensar sempre de novo sobre a sexualidade e procurar o conhecimento da Psicologia e da Medicina. Isto, entretanto, a Igreja muitas vezes deixou de fazer.

Quando pensamos na questão da proibição de sexo antes do casamento podemos dizer que a Igreja, neste particular, agiu de forma muito rigorosa. Hoje, no entanto, observa-se entre muitos jovens a tendência de preservar a sexualidade conjugal porque sentem que a espera aprofunda a sexualidade. A proibição não significa que você nunca possa fazer sexo antes do casamento. Muito mais do que isso, ela está relacionada ao sentido de que a vivência da sexualidade exige um compromisso com outra pessoa.

Preservativos

As instruções eclesiásticas com relação a este tema também soam muito rigorosas. Aqui a Igreja deveria levar a sério o conhecimento acumulado da Psicologia e da Medicina e dar adeus a teorias abstratas. Além disso, é importante registrar que existe uma tendência – principalmente entre as mulheres que preferem viver mais de acordo com a natureza e o meio ambiente – de se defenderem do uso permanente da "pílula". Não desejam viver continuamente com química na barriga. Renunciam à "pílula" não por causa da moral sexual eclesiástica, mas porque não querem continuar a ser determinadas por algo estranho. Mas como alguém se relaciona com a "pílula" é uma questão totalmente pessoal. Aqui as instruções de fora não ajudam muito.

Para todas essas normas o que vale é o ensinamento da Igreja de que a consciência é a norma mais alta. Você não tem que se orientar, necessariamente, segundo as normas da Igreja. Deve se guiar segundo a sua consciência. Mas será sempre bom que você reflita sobre as diferentes opiniões e normas acerca da sexualidade. Observe a opinião generalizada acerca da sexualidade e dos meios de proteção e reflita por que a Igreja optou por disseminar a ideia de uma sexualidade natural. Depois tome a sua decisão. O ensino da Igreja a respeito deste tema é, com frequência, muito idealista e, na realidade, muitas vezes inexequível. Neste caso, precisamos buscar caminhos que sejam adequados às pessoas.

Matrimônio

A Igreja não afirma de forma arbitrária que o casamento deve durar toda a vida. Com esta afirmação ela deseja ser fiel às palavras de Jesus: "Portanto, o que Deus uniu não o separe o homem" (Mt 19,6). O objetivo de um compromisso é a fidelidade por toda a vida. Esta fidelidade dá sustentação e força à vontade dos cônjuges. É uma bênção para a vida comum e, principalmente, para os filhos. Estes recebem um espaço de confiança e de proteção, onde podem crescer.

Naturalmente que a Igreja sabe que sempre poderá haver fracassos. Jesus já contava com isso quando abriu uma exceção ao proibir o divórcio. Não sabemos mais exatamente como Ele entendeu essa exceção quando disse: "...qualquer que repudiar sua mulher, não sendo por causa de adultério, e casar com outra, comete adultério" (Mt 19,9). Em seu trato com divorciados e com aqueles que se casaram de novo a Igreja tem estabelecido exigências rigorosas. Nem sempre seguiu as instruções de Jesus. Na prática, no entanto, na vida das comunidades, isso não tem funcionado. E é bom que assim aconteça.

Mesmo quando a gente conhece o que é ideal, deve-se, apesar disso, buscar caminhos que contemplem a realidade. Aqui a Igreja tem dificuldades. E você pode criticá-la. Mas deve sempre pensar que, na verdade, ela está tentando preservar o matrimônio. Até agora não encontramos na Igreja uma cultura adequada para o tratamento de um matrimônio fracassado. Esta seria, sem dúvida, uma tarefa para o futuro. E as questões críticas de vocês, jovens, um desafio do qual a Igreja não pode escapar.

Como posso escolher e seguir o meu caminho, sem ferir meus pais, no que se refere a cônjuge ou profissão?

Você deve seguir seu próprio caminho. O próprio Jesus encorajou as pessoas a seguirem sua vocação interior. Devem ouvir a voz que sentem em seu interior e seguir o seu impulso. Foi isso que Ele exigiu de um homem que desejava segui-lo: "Deixa que os mortos sepultem seus próprios mortos. Tu, porém, vai e proclama o Reino de Deus" (Lc 9,60). Em outras palavras: O homem não deveria esperar a morte de seu pai para assumir o caminho que entendia ser correto. Para ele seu pai, na verdade, já estava morto, pois nada tinha a ver com a realização de sua vida. O pai é, para mim, um conselheiro e não um legislador. Não tenho por que realizar suas expectativas. Devo assumir que ele não compreende meu caminho.

De forma igualmente clara Jesus falou a uma pessoa desejosa de segui-lo, mas que gostaria, antes, de despedir-se de sua família: "Ninguém que põe a mão no arado e olha para trás é apto para o Reino de Deus" (Lc 9,62). Ali estava um jovem que, de bom grado, queria seguir seu próprio caminho. Entretanto, era seu desejo que sua família estivesse de acordo. Isso eu vivencio constantemente entre os jovens. Querem seguir seus caminhos e lutam para isso. Ao mesmo tempo, também, esperam que todos aprovem suas decisões a respeito. Sobre isso Jesus disse: Não é tão importante assim que você consiga convencer sua família acerca da correção de seu caminho. Se você está intimamente convencido disso, siga, pois, a sua caminhada, mesmo quando seus pais não a compreenderem.

Obviamente tem todo sentido conversar com os pais sobre sua carreira e ouvir seus pareceres.

Mas você não é obrigado a realizar as expectativas deles. Se você está convencido, lá no fundo de você mesmo, de que esta deve ser a sua carreira, então é sua responsabilidade realizá-la, mesmo que seus pais não a compreendam. Isto leva à solidão e, às vezes, provoca dor saber que os demais não lhe entendem. Mas o mais importante é que você seja fiel a si próprio. Você não deve se acomodar para que todos fiquem contentes consigo. Você deve seguir o seu caminho.

Por outro lado, fique certo de que seus pais, em algum momento, lhe compreenderão. Você não pode evitar o fato de que, de alguma forma, você lhes causará algum sofrimento. É óbvio que você não quer feri-los, e quando isso acontecer você também sofrerá. Na verdade, você não estará ferindo-os, mas, sim, a imagem que eles construíram a seu respeito. E essa, você pode, tranquilamente, romper. O que importa é que realize a imagem única que Deus mesmo fez de você; e não aquela construída pelos seus pais. Quando estes perceberem, em algum momento, que sua escolha foi correta, não só lhe compreenderão como também lhe darão o seu apoio.

O céu, que esperamos alcançar depois da morte, parece-me muito tedioso. Para os cristãos é o céu uma aspiração de valor? Minha avó morreu, onde se encontra ela agora? O que acontece quando as pessoas morrem? Castigará Deus as pessoas más no fim do mundo?

Obviamente, você tem uma falsa concepção do céu. Na verdade, o céu nada tem a ver com a enfadonha cantoria de "Aleluias!" que Ludwig Thoma descreveu em sua peça "Der Münchner im Himmel – O homem de Munique no céu". Não podemos imaginar o céu. Apenas podemos dizer: o céu é a realização de nossos desejos mais profundos. E eternidade não é um tempo sem fim, mas a coincidência de tempo e eternidade. De vez em quando vivenciamos certo pressentimento da eternidade quando passamos por experiências profundas como no amor ou na contemplação de um pôr de sol. Nesses momentos o tempo parece parar e tudo também parece ser uma coisa só. Assim, só podemos imaginar o céu como um presente absoluto, como a realização de nossos desejos, como vitalidade, como plenitude. Lá não ficaremos sentados e entediados, mas vivenciaremos Deus como alguém que ultrapassa tudo o que os olhos já viram e os ouvidos ouviram.

Visto desta forma é claro que o céu é, para os cristãos, uma valiosa aspiração. Nele vamos encontrar tudo aquilo que procuramos durante todo o tempo de nossa vida. E seremos transformados na figura única que Deus nos deu quando nos criou. Então se tornará claro quem nós realmente somos. Por isso você pode estar certo de que sua vovó está agora no céu; está com Deus, encontrou-se a si mesma e está em paz. Tudo o que alguma vez a feriu foi transformado. Ela não lhe repreende por todas as vezes em que você não foi atencioso para com ela; pois ela está em paz, está com Deus. Ela foi transformada na figura única que Deus lhe deu e se tornou agora ela própria. Você pode, então, perguntar qual é a mensagem dela para você.

Você pergunta sobre o que acontece na morte. Podemos confiar que na morte nos encontramos com Deus e seu amor. Mais que isto, em Deus encontraremos também a nossa verdade. E esse autoencontro é sempre doloroso. Pois em Deus vamos reconhecer como vivemos aquém de nossas possibilidades, ou seja, como empalidecemos a figura com a qual Deus nos criou. A Igreja se refere a essa dor quando fala do "purgatório". Aqui não se trata de um lugar, mas da dor do encontro com o amor absoluto de Deus. O amor de Deus, porém, nos purifica de tudo aquilo que embaçava a figura original de Deus em nós e nos abre para o encontro com Ele. Quando nos deixamos levar pelo amor de Deus estamos no céu.

Você pergunta, ainda, se no fim do mundo as pessoas más serão castigadas. Primeiro é importante lembrar que o fim do mundo acontece para cada um quando morre. Na morte pessoal o fim do mundo chega para cada um. O que a Bíblia nos diz sobre o juízo das pessoas más tem a sua justificativa. Apenas precisamos compreender isso corretamente. A Bíblia fala do inferno, e isto quer dizer que você pode fracassar. Por isso, viva a sua vida agora de forma correta. Ao mesmo tempo podemos confiar que na morte podemos nos entregar com todos os nossos pecados ao amor de Deus. Assim seremos salvos. Estaremos no céu.

Podemos imaginar o inferno da seguinte maneira: um filho briga com seus pais. Mas os pais deixam a porta da casa aberta, pois ele será sempre bem-vindo. Pode acontecer, no entanto, que o filho seja tão obstinado que bata a porta atrás de si e permaneça sozinho fora. Inferno, então, é isso, significa que eu mesmo me excluo da vida. Não é Deus que me joga no inferno, mas eu mesmo quando me fecho e deixo de tomar parte na vida.

Juízo não quer dizer que Deus condena as pessoas más, mas sim que todas as pessoas devem a Ele comparecer para se deixarem corrigir pelo seu amor. Antes eu não gostava muito do quadro do Juízo final. Para mim era demais vê-lo relacionado com o quadro das condenações. Entretanto, o filósofo Max Horkheimer uma vez declarou: é um desejo primordial da humanidade que o criminoso não triunfe sobre sua vítima. Para que haja uma chance para o criminoso também chegar ao céu é preciso haver um juízo. Assim, o juízo é a possibilidade para que o criminoso se deixe corrigir por Deus e pelo amor, de modo a poder transformar-se. Somente assim ele poderá viver com a vítima sem triunfar sobre ela. Também a vítima tem que ser julgada, pois também ela necessita ser corrigida pelo amor perdoador de Deus. Somente então vítimas e criminosos poderão viver juntos.

Deus não é um Deus punidor, Deus é a verdade. E ninguém pode, com sua própria verdade chegar até Deus. Assim, o objetivo do juízo não é julgar e condenar as más pessoas, mas expressar o exercício da correção de Deus.

Outrossim, o juízo não é um julgamento final de todas as más ações. No passado comparamos demais o juízo de Deus com o nosso juízo terreno. Trata-se, na verdade, de um processo de tornarmo-nos corrigidos por Deus. E isso será tanto mais doloroso quanto mais longe estivermos vivendo de nossa verdade e do amor de Deus. Mas, como cristãos, temos a certeza de que na morte de cada pessoa está a possibilidade de ela se deixar corrigir por Deus e, assim, alcançar a plenitude da vida.